桌遊教養全攻略

從遊戲中培養孩子的專注力、人際力、學習力

陳介宇 ── 著

前言………008

第一章　認識桌上遊戲

何謂桌上遊戲？………014

歐式遊戲………015

臺灣的桌遊發展………018

桌遊在特殊教育的應用………020

認識一款桌遊該如何開始？………023

第二章　細數玩桌遊的 7 大教育亮點

桌遊的教育亮點來自於 ── 趣味性………033

桌遊的本質是與人同樂 ── 社會性………036

玩桌遊是問題解決的歷程 ── 認知性………039

玩桌遊是主動參與和做選擇的體現──自主性………041
沉浸在桌遊主題的故事中──想像力………044
用趣味來包裝枯燥的技能練習──重複性………045
規則提供安全與可預測的玩法──結構化………047

第三章　將桌遊運用在教學活動中的 6 個步驟

步驟 1：了解起點能力………053
步驟 2：選擇桌遊………056
步驟 3：桌遊的適性調整………059
步驟 4：進行桌遊活動………060
步驟 5：遊戲結束………076
步驟 6：效果評估………078

第四章　玩桌遊培養孩子的 5 大能力

增進與人互動的社會技巧………083
強化學習所需的認知能力………095
訓練日常生活的溝通能力………108
培養適應環境的情緒能力………123
精熟手部操作的動作能力………141

第五章　與孩子玩桌遊的 4 個調整面向

　　學習內容的調整………151

　　學習歷程的調整………156

　　學習環境的調整………158

　　學習評量的調整………160

第六章　與不同需求的孩子玩桌遊

　　自閉症………164

　　情緒行為障礙………174

　　學習障礙………181

　　智能障礙………188

　　發展遲緩………194

　　視覺障礙………202

　　聽覺障礙………210

　　語言障礙………216

　　肢體障礙與腦性麻痺………225

　　身體病弱、多重障礙與其他障礙………229

第七章　常見的遊戲機制與解析

認知處理之機制………235

配件操作之機制………238

團隊分組之機制………241

遊戲運作之機制………243

社會互動之機制………247

第八章　魚寶老師的推薦遊戲菜單

人際關係………254

輪流等待………255

衝動控制………256

語言溝通………257

團隊合作………259

探索自我與認識他人………259

顏色／形狀配對………261

集中性注意力………261

持續性注意力………263

記憶力………263

空間概念………264

演繹推理………265

創造力………266

敘事能力………266

手部與肢體動作………267

挫折容忍………268

情緒調節………270

多感官………270

國語文………271

英文………272

數學………273

各類內容知識………274

統整思考………275

參考書目………278

前言

在我成長的經驗裡一直有遊戲相伴。自幼就喜歡有規則的遊戲，像是大富翁、陸軍棋、象棋、西洋棋。我也很幸運地成長於大家庭中，家裡有許多兄弟姊妹可以一起玩桌遊，從傳統棋類、早期臺灣桌遊、《龍與地下城》、《魔法風雲會》到歐式桌遊等，每一種遊戲都在我的歷程中占有重要的地位。

記得 2004 年在臺北書展的新天鵝堡桌遊攤位上玩到歐式桌遊。當時就覺得桌遊非常適合用於教育，於是嘗試撰寫介紹性質的文章，論述桌遊用於教育的優點，希望未來進行研究或教學的人可以在文獻中找到一點支持。2010 年左右，桌遊逐漸走入中小學的教室中。由於資源班學生常具有學習與社會技巧方面的困難，而桌遊作為一種需要動腦的社會性遊戲正好符合這樣的需

求。2015年以後，桌遊用在教育現場已相當頻繁。然而，許多第一線的老師向我反映，他們對於桌遊的使用與了解都是倚賴口耳相傳與自身經驗，現有的書籍與課程並未能提供完整的介紹，更遑論該如何系統性地將桌遊應用於特殊教育中。

如今桌遊在特教中雖被廣泛使用，卻欠缺相關學理知識，這樣的差距可能是來自於「桌遊」和「特殊教育」是兩個不同的領域，缺少跨領域專家結合兩者的專門知識。筆者將這些年來的經驗與研究知識撰寫成書，希望能提供完整且實用的知識給在教育領域上努力的家長、教師、治療師與專家，也希望能增添讀者在桌遊使用上的信心。透過您們的帶領，讓更多孩子玩到有趣的桌遊，享受快樂的童年。

閱讀此書的過程中，您可能會發現這本書和一般育兒書籍有所不同，這裡不會細談一個一個的桌遊該如何使用，也不會幫您設計充滿細節的桌遊活動。原因是孩子的個別差異很大，他們常有著截然不同的行為表現與學習需求。再者，桌上遊戲的數量與多元性相當豐富，每款遊戲的功能也是大相逕庭，僅介紹少量遊戲，我認為無法滿足教學現場的需求。所以，這本書希望能回答教育人員和家長經常提出的這些問題：孩子的狀況是……（略），我該使用什麼樣的桌遊？要怎麼進行教學？桌遊使用有什麼技巧？使用這款桌遊的理由是什麼？

本書能夠付梓，要感謝的人太多，所以容我不能只謝天。

首先要感謝的是芝婷，二十多年來陪我玩過上千款桌遊，並在專業與情感上給予強力的支持。臺北教育大學、臺中教育大學和臺北市立大學的師長與同事，這些年來的學術交流中，讓我有機會累積許多寶貴的經驗。臺灣大學的王沐嵐教授，經常提供我桌遊的新知與學術上的建議；以及臺大陳右人退休教授在各方面的支持，讓我可以安心追求一些小小的理想。遠在福州的郭兵老師，在一次兩岸交流中鼓勵我發揮專長，並曾試著想要幫我成書，進而啟發撰寫此書的動機。

　　感謝 YoYo 和亞灣，多年來持續支持我在桌遊專業上的成長與能量。還有許多優秀的教師與治療師，同時也是我的好友或學生，為這本書提供很多案例與實務經驗：語妍語言治療所陳佳儀所長、柔彡、芬葶、懿真、汶璇、庭滋、俞晴、瑋婷、芊瑾、昕文、幼蕾、敬婷、乃瑜、庭序、品妤、于珊、昭慈、翊伶、欣辰、浩宇、怡玲、楠淇、景鈺、寶玉、語彤、峻維、仲俞；以及許多研究者的研究結果為此書帶來豐富的資訊。感謝聯經出版社的同仁為這本書的出版提供相當多的建議與支持。

　　最後，謝謝父母親從小就對我的「玩樂」抱持著開放與支持的態度，以至今日仍舊愛玩，沒有放棄對遊戲的愛。

介宇

2025 年 3 月

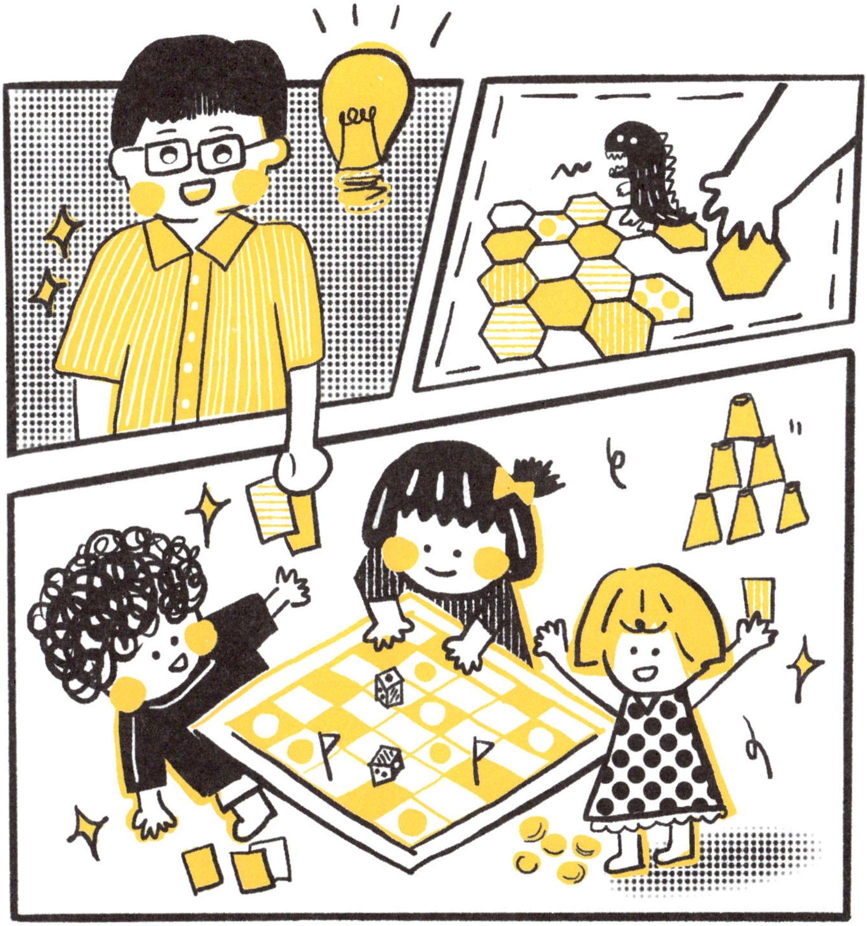

第一章
CHAPTER ONE

認識桌上遊戲

本書介紹如何運用桌上遊戲來幫助孩子學習。在最初的章節裡，將與大家聊聊桌遊是什麼？作家艾克曼（Diane Ackerman）曾說：「玩是我們大腦最喜歡的學習方式。」當我們回顧自身的經驗與觀察孩童的成長，會發現人類自兒時就會透過各種遊玩，以愉快的方式學習新的知識與技能。心理學家的研究中也發現，在兒童時期，個體透過充分且高品質的遊玩，能讓認知、情緒、社會等方面能力獲得較佳的發展。而近十餘年來，桌遊在教育圈中大為流行，為何教師、家長、治療師與心理師會如此看重與愛用？值得我們深入了解。

何謂桌上遊戲？

在解釋桌上遊戲以前，先來釐清一個詞彙──「遊戲」。在教育領域中，兒童遊戲或幼兒遊戲中的「遊戲」是指 play；而桌上遊戲的「遊戲」則是指 game。這兩者之間是有差異的，不過在中文裡使用同一個詞彙來稱之。我們可以把 play 想成是遊玩，而 game 是指具有規則來制定玩法，並有競賽勝負結果的遊玩方式。

當遊戲是 play 的意思時，各式各樣的遊玩都可以算是遊戲，像是嬰兒時期的功能性遊戲，孩子使用手部肌肉反覆抓握，以滿足感官刺激；2.5 至 3.0 歲時的平行遊戲，會和其他孩子一起玩，

但沒有交集；或是扮家家酒的扮演遊戲，這些都是屬於 play。而 game 是指有規則的競賽遊戲，像是各類運動、電玩遊戲和桌上遊戲等。

桌上遊戲在英文中多稱之為 board game 或 tabletop game，是遊戲的一種類別，簡稱桌遊。遊玩此類遊戲時，人們通常需要一個桌面來進行。規則是桌遊的主體，規則中會制定應有何種配件，像是棋子、紙牌、骰子等物；規則也會說明如何操作與使用這些配件進行遊玩；規則中會說明遊戲的目標、如何開始、結束、分勝負等。參與遊戲的人如同參與競賽一樣，有輸贏之分。

歐式遊戲

桌上遊戲有多元的面貌，而歐式遊戲（eurogame）是桌遊主流類型之一。在教育領域中，許多被應用於教學的遊戲屬於此類。歐式遊戲又稱為德國遊戲。此名稱並非意指遊戲的生產地，而是指某種特定風格的遊戲，所以並非日本來的遊戲就叫做日式遊戲、越南來的遊戲就叫越式遊戲。歐式遊戲的風格是玩家間很少有直接的衝突，通常有多樣化的得分方式。玩家很少會在中途被移出遊戲而造成無法參與的情形。遊戲會為玩家帶來挑戰，強調經濟和資源的獲得，而非直接的衝突與對戰。

歐式遊戲在背景主題上通常會具備故事情境，因此如象棋、圍棋般的抽象遊戲就不算是這類遊戲；歐式遊戲的主題也非寫實模擬，通常略帶抽象或想像。歐式遊戲比之派對遊戲，會比較需要動腦與規畫，派對遊戲鼓勵較直接的社交互動，有著簡單規則與步驟，然後遊玩的人數較多。

歐式遊戲的起源，來自於二戰後德國對於戰爭題材遊戲的抗拒。1960年代，源自於美國的3M書櫃系列遊戲（3M即明尼蘇達採礦及製造公司，Minnesota Mining and Manufacturing Company，就是今日人們熟知的那家製造膠帶、便利貼的公司），流傳到德國後大受歡迎。此系列遊戲標榜著策略和經濟，製作成如精裝書籍的樣子，可以整齊地放置於書櫃上，知名的作品如1962年的《Twixt》和1963年的《Acquire》。這些遊戲啟發了許多德國的遊戲設計師，提供他們一種沒有直接衝突和戰爭題材的遊戲範例。

在此之前，多數的桌遊都是描寫兩方面的直接衝突，例如象棋、西洋棋、陸軍棋。戰後的美國相當流行戰爭題材的遊戲，例如戰棋類遊戲（wargame），鉅細靡遺地描寫不同的戰役、局勢、軍種等，讓玩家體驗戰爭部署與運籌帷幄的感覺。在這樣的框架下，創作出非直接衝突的遊戲是一大創舉。

1970年代末，歐式遊戲在德國逐漸成形，成為一種桌遊設計的潮流，漸漸傳播到其他歐洲國家。到1995年出版的《The

Settlers of Catan》（後改名為 Catan，中譯為《卡坦島》）更是一舉將此類遊戲的知名度推出了歐洲以外，受到大量玩家的關注。歐式遊戲，除了前述的特色，也衍生出許多特殊的遊戲機制，像是拼放、競標、談判、交易、成套收集、區域控制和工人擺放等。

此外，歐式遊戲還有強調設計師的文化，所以又稱之為「設計師遊戲」（designer game）。早期的傳統桌遊不強調設計師，但歐式遊戲的文化裡，將設計師視為如書籍出版品的作者一樣重要，反映出對遊戲設計師的尊重。1988 年，有一群設計師在紐倫堡的玩具展上，立下了知名的「杯墊宣言」（Coaster Proclamation），他們共同在杯墊上簽下名字，承諾只將自己設計的遊戲賣給會將設計師名字印在盒子上的遊戲公司。時至今日，遊戲設計師的名字經常出現在盒子或規則書上，就如同品牌一樣，知名設計師也會吸引許多忠實的支持者，如倪睿南（Reiner Knizia）、費爾德（Stefan Feld）、羅森伯格（Uwe Rosenberg）等。

如今歐式遊戲的影響力漸漸擴散到全球，非歐洲地區的作者也會做出這類風格的遊戲，而臺灣也深受影響。歐式遊戲的不直接衝突、多樣化的計分、玩家不被消滅而能充分參與等特色，也頗能迎合現代教育的思維，所以在國內的教育領域中也受到歡迎。當然，並非所有適合教育的遊戲都是歐式遊戲，但許多遊戲

都能看到此類遊戲的影響所在。

> **重點提示**
> 歐式桌遊的風格是：非直接的衝突、多樣化計分方式、玩家較不會被中途移出遊戲、具有主題情境、強調經濟和資源的獲得。國內教育遊戲多受此風格影響。

臺灣的桌遊發展

　　桌遊在臺灣的出現彷彿是近幾年的事情，但實則不然。其實臺灣這塊土地上，很早以前就有人在玩桌遊了。曾有一篇報導提到在南部科學園區發現距今 300 至 500 年前的西拉雅族人遺留下 4 顆鹿角骰子，這些骰子的形式跟現代骰子相同，功用也是遊戲的配件。1895 年，浙江來臺官員史九龍的紀錄中，也可以找到相關記載，如：臺灣上流人士會玩麻將，而四色牌在不同階級都受到歡迎。到了日治時期，麻將在日本廣受歡迎，也在臺灣颳起流行旋風，成為全島民眾的娛樂。而來自中國的象棋、圍棋，來自日本的花牌、歌留多紙牌、將棋、行軍將棋、雙六等，來自歐美的跳棋等，在日治時期的臺灣都有遊玩的紀錄。爾後，國民政府播遷來臺，帶來陸軍棋、陸海空三軍棋等遊戲。

1950 至 1960 年代，則有許多兒童雜誌附贈的桌遊、《現代陞官圖》、《龜博士升學》、《反攻勝利棋》等國人自創的遊戲出版，也有翻譯自國外的遊戲《大富翁》、《幸福人》等。1970 至 1980 年代，由於經濟起飛、思想解禁，娛樂也逐漸多樣化，這時桌遊出版百花齊放，許多獨特的原創遊戲上市，如《非洲尋寶》、《天地牌》、《地球大寶藏》等。至 1990 年代仍有不少遊戲，但當時的桌遊漸漸無法與電玩的強大吸引力抗衡，逐漸失去市場。到 2000 年左右，桌遊產業已經變得相當沒落。

2000 年初，德國人彭己耘（Johannes Goeth）成立新天鵝堡桌遊公司，在臺灣銷售與推廣歐式桌遊。由於語言的隔閡，德文／英文遊戲在臺灣推廣不易，不過，在他和許多熱愛遊戲的玩家們推廣下，桌遊又開始被人們所注意。早年臺灣人將桌遊稱之為紙上遊戲、遊戲盤、遊戲圖等，此時新天鵝堡改用「桌上遊戲」一詞來稱呼，後來漸漸成為人們的慣用語。同時期雖然也有一些國內教具商引入歐式桌遊，但基本上是當作教具販賣，不甚講究其遊戲規則，也並非聚焦在其遊戲性上。所以說來有趣，國人雖然很重視孩子的教育，但桌遊最初竟不是在「教育」大旗下推廣開來，反而是從熱愛桌遊的硬核玩家族群，逐漸開展到家庭與教育圈中。

在 2000 年初時，桌遊市場很小，隨著遊戲的口碑和中文翻譯遊戲日益增加，在之後的十餘年間才較為人知。2015 年時，國

內已有許多新興的出版社和桌遊店成立，相較以往可謂知名度大開，也有更多人開始投入原創桌遊的設計。然而，2020 年至 2023 年受到疫情影響的關係，這種在室內面對面進行的桌遊面臨嚴峻的考驗，許多桌遊產業因此倒閉。而疫情過後，人們再次可以近距離接觸，重新體會到社交對心理健康的重要性，桌遊的熱度也逐漸回溫。至今桌遊已經是個不太需要解釋的詞彙，多數人都已能了解桌遊所指稱的娛樂型態。

> **重點提示**
>
> 臺灣近代桌遊發展受到中國、日本與歐美等地的影響，但 1990 年代曾因電玩的興起而沒落。於 2000 年代後因歐式桌遊的引進而又熱絡起來，起先只是小眾文化，2015 年後較廣為人知。

桌遊在特殊教育的應用

在 2000 年左右，桌遊的愛好族群相當小眾，玩家多透過網路結識後，於泡沫紅茶店或餐飲店中聚集進行遊戲。在 2010 年前後，桌遊漸漸受到教育工作者青睞，開始被應用於教學現場中；2015 年後，公立學校中已經常看到桌遊的蹤影，特別是在資源班中。近來的調查研究發現，全國有高達 88.4% 的國中資源班教

師，[1] 以及 86.9% 的國小資源班教師曾將桌遊應用於教學中。[2]

在歐式桌遊剛引入國內時，桌遊對絕大多數人而言，是個陌生的名詞，對教師來說也是如此。今日桌遊在教育圈中的流行，是一種「下到上」的過程。因為教育政策並未要求教師使用，而是基層教師主動發現桌遊相當適合用於教學，進而帶入教育現場。接著再透過口碑將此風氣擴散開來，漸漸成為一個在特殊教育中普及的教學活動，尤其用於社會技巧、學習策略與增進學習動機等方面。

當越來越多的教師有興趣使用桌遊後，這股動力便開始從基層向上影響。教師在課堂中的使用、在學校中成立桌遊的共備學習社群、製作桌遊參加特殊教育優良教材競賽等；以至有更多研究的聚焦，如桌遊活動對於特殊孩子的成效、桌遊的使用狀況調查、教育桌遊的設計等；而後師資培育或政府單位也逐漸重視，開始舉辦以桌遊為主題的教師研習。

這種「下到上」的過程，和一般來自於政策或理論所產生的教學方式很不一樣，它是教師們透過實務經驗歸結出來的做法。

---

1. 徐敬婷（2018）。國中不分類資源班教師使用桌上遊戲融入教學之現況調查研究（碩士論文）。國立臺北教育大學。
2. 黃寶玉（2020）。國小不分類資源班教師運用桌上遊戲融入教學之現況調查研究（碩士論文）。國立臺北教育大學。

這樣的做法很務實，但由於桌遊種類繁多、特殊學生差異大與使用目的各異，導致解釋桌遊在特教的運用時有些困難，常難以一言道盡。尤其是要向他人說明為何使用桌遊，而非傳統的直接教學時，更是讓老師感到困擾。透過此書，希望可以將桌遊在特教使用的理論、知識與技巧傳達給讀者，幫助教育工作者和家長在使用桌遊時更加得心應手。

在我們的調查研究中，特教老師經常將桌遊用於這三個面向：增進社會技巧、提高學習動機與增進專注力。[3] 首先，在社會技巧方面，遊戲中常會進行觀察、輪流、聆聽、表達、詢問等動作，甚至是合作、交易與談判的行為，能讓學生在結構化規則下，以輕鬆愉快的步調練習許多社會技巧。第二，在學習動機方面，有趣的桌遊能激起學生想玩的心，在拿捏玩家的期待與驚喜上有著獨特的設計，加以兒童的天性就是愛玩，因此遊戲很容易吸引學生的參與。最後，在專注力方面，玩桌遊時學生是主動參與，不像講述式的課程僅是單方面的接受，玩家在遊戲中會不斷做選擇與決定，而每個決定也帶來遊戲內的回饋，因此學生易將心思投入其中，維持高度的專注。

此外，特殊教育多以小班教學為主，班級內上課的孩子約3至6個，與一般桌遊能支援遊玩的人數恰好相近，所以特教老師在班上運用桌遊較無人數方面的困擾。除了教師，像是職能治療師、語言治療師、心理師、認知課程老師、家教老師等，單次面

對的學生人數也較少，使用桌遊也頗為合適。

> **重點提示** ──
> 桌遊在教育現場的流行是一種「下到上」的過程，是基層教師先發現它的優勢，才漸漸影響到整個教育圈。在特殊教育中，經常使用於增進社會技巧、提高學習動機與增進專注力三方面。特教的教學以小班為主，桌遊使用上較不受人數的限制。

認識一款桌遊該如何開始？

在我們概略認識桌遊的發展歷程以及與教育的關聯後，這裡要介紹桌遊的本體了。當有一盒桌遊放在我們面前的時候，我們要如何快速認識它呢？透過盒面、盒側與盒底的資訊，我們可以快速瀏覽一盒桌遊的資訊。認識這些資訊與背後的意義，有助於我們選擇教學用的桌遊。

---

3. 徐敬婷（2018）、黃寶玉（2020）、莊庭滋（2021）之研究，詳見參考書目。

遊戲名稱

　　遊戲名稱點出一款遊戲的主題，主題背景是遊戲的重要資訊之一，它如同調味料一般，增加玩家的帶入感與遊戲的豐富性。在遊玩時，教學者能藉主題為孩子補充額外的知識。通常歐式遊戲的主題帶有情境性，名稱會具體地指出其主題，如：《佛羅倫斯王子》、《現代藝術》、《拔毛運動會》等。合適的主題能為遊戲增添不少樂趣，像是《拔毛運動會》中，玩家要透過記住遊戲中的圖案，幫助自己的小雞在跑道上競賽奔跑，超越對手就可以拔走羽毛，收集全部的羽毛就可以獲勝。像這樣有趣的主題，能將孩子帶入小雞賽跑時的刺激與趣味感，而非單調的圖卡記憶練習。

　　相對來說，有的遊戲並無情境性，像是《寶石陣》、《形色棋》、《Blokus》之類的抽象遊戲；或是《天生絕配》、《獨家暗語》這類的派對遊戲。有時，遊戲名稱會因為出版商或代理商的更動、新版本推出等因素而改名。

遊戲作者

　　受到歐式桌遊文化的影響，遊戲盒子上標注作者名稱幾乎成為今日的共識。設計師的名字可以說是一種口碑的代名詞。認識作者名稱也有助於我們選擇遊戲，因為遊戲設計師常有自己獨特的風格，若我們喜歡某設計師的遊戲，那他別的遊戲可能也會讓

我們感到有趣。這種感受，就如同我們在買書，看了金庸的《射鵰英雄傳》以後，會想要繼續看他的《神鵰俠侶》。從選擇教育遊戲的角度來看，若您玩過某個遊戲以後，覺得這遊戲很適合孩子，那不妨留意一下作者是誰，可以去追蹤他的作品，也許能帶來更多的驚喜。

品牌 Logo

桌遊盒子上面眾多的品牌 Logo 有時挺令人疑惑的，因為可能同時出現出版社、代理商或經銷商的 Logo，不熟桌遊的人通常無法分辨它們彼此間的差異。

我認為最有用的資訊是「出版社」，即此款遊戲最初的發行商。為什麼這個資訊最有用呢？因為每間出版社都有自己的定位或特色，例如：德國 HABA 專門製造嬰幼兒桌遊，且有高品質的木製配件，知名的遊戲如《動物疊疊樂》；德國 Zoch Verlag 也是幼兒遊戲，畫風童趣可愛，知名的遊戲如《拔毛運動會》；德國 Kosmos 則是有很多優秀的紙牌遊戲、兩人遊戲；德國 Ravensburger 歷史悠久，成立於 1883 年，生產許多受歡迎的老牌家庭遊戲與拼圖；而臺灣的灣加遊戲，則是出版有趣的教育類桌遊。

補充一點，有時出版社也不完全只出版，偶爾也會代理遊戲，但通常風格不會離自己的目標客群太遠，所以仍具參考價

值。認識「代理商」的 Logo 則可以幫助我們知道相關資訊要去哪裡找，像是新天鵝堡、玩樂小子，它們的網站上通常會有遊戲的介紹、教學、分類與訂購方式。

獲獎榮譽

在桌遊領域中有專門的獎項會頒給設計優良的遊戲。出版社有時會將獎項的圖樣印製在遊戲盒上，一方面彰顯遊戲品質，一方面提高被顧客購買的機率。桌遊著名的獎項例如：德國年度遊戲獎（Spiel des Jahres），這是世界上最具指標的桌遊獎項，每年由德國遊戲評論家組成的評審團頒發，通常頒發給供學齡兒童以上年齡的家庭遊戲，在國內也很知名的如《卡卡頌》、《鐵道任務》、《說書人》都是此獎項的得主；德國年度兒童遊戲獎（Kinderspiel des Jahres），則是兒童遊戲的標竿，通常是為 6 歲及以下兒童所設計的，知名的遊戲有《拔毛運動會》、《冰天雪地》等；知名的桌遊資料庫 Board Game Geek 也有一個受到桌遊界重視的金極客獎（Golden Geek Awards），對教育人員來說，其最佳家庭遊戲就很具參考價值，像是《Ingenious》、《展翅翱翔》、《璀璨寶石》等。

獎項雖保證了遊戲的品質，但不應只憑著獲獎與否當作選擇的唯一根據。因為有些獎項對於其他國家的作品是很難參與的，像是要參與德國年度遊戲獎的評選，該遊戲必須在使用德語的國

家發售，因此臺灣的作品就不易取得這樣的獎項。

遊戲時間

在桌遊盒上所標注的時間為遊戲進行所需的時間。一般來說並未包含學習此遊戲所需的時間，而每款桌遊的難度不同，學習的速度也因人而異。掌握遊戲進行所需時間對於教學是相當有用的資訊，可以作為安排教學活動的依據，例如：小學一節課40分鐘，教師就會傾向選擇不超過一節課時間的遊戲；或是考量學生注意力能維持的時長來選擇遊戲。

遊戲人數

遊戲盒上會標示此遊戲能支援的玩家人數，一般常見的人數約2至5人。對於有些兒童遊戲或派對遊戲來說，人數限制其實是有彈性的，只要稍加調整就可以更多人玩，例如《火柴會說話》遊戲人數為3至8人，但透過實物投影機就可以在30個人的班級中同樂；《狐作非為》的人數是2至4人，有一回筆者教5位老師玩時，正納悶該如何進行，有一位老師掏出一顆糖炒栗子當作棋子，問題就解決了。

然而有些遊戲要調整人數較不容易，像是《天生絕配》每位玩家需要一組卡牌，超過人數時就只能多人共用一組了；而有些遊戲會因為人數過多而破壞遊戲原有平衡，或因人數多而造成等

待時間過久，使玩家在空檔中感到沉悶等。因此，遊戲人數的調整還有賴教學者對遊戲內容的掌握。

適合年齡

桌遊上所標示的適用年齡，對於家長和教育工作者來說是極為重要的資訊，因為年齡資訊意味著遊戲的難度與題材適合兒童的程度。6 歲以前的孩子認知發展與各方面能力進步的速度是相當迅速的，所以每年之間的改變相當大（12 至 13 歲間的能力表現變化會遠遠不及 3 至 4 歲間的改變）。而有豐富出版幼兒遊戲經驗的公司，對於幼兒的認知發展相當了解，因此標示的適用年齡通常是精確的。

有些原因可能會使適用年齡的資訊不符合預期，像是孩子還不習慣遊玩時需要遵守規則，因此需要更多時間或從更簡單的遊戲開始；孩子的發展速度有個別差異，可能需要等孩子再成熟一點；較無經驗的出版社對於遊戲年齡的錯誤判斷等。

遊戲美術

遊戲封面的設計是吸引人們的關鍵，是人們對遊戲的第一印象。封面設計與目標客群有很大的關聯，兒童遊戲多半會有著童趣的封面，成年人的遊戲則會出現較嚴肅的封面。現代桌遊除了作者名字會被印在盒面，繪師的名字也常會出現在盒底

或說明書中。

　　除了封面，遊戲配件的模樣也常可以在盒底看到，好的配件能為遊戲增添樂趣與帶入感。這些配件用於展現遊戲中的某些情節或場景，能點綴主題的配件是不可或缺的存在，例如：《卡卡頌》裡面用來占領板塊的人形小木塊（又稱米寶），[4] 可以帶給玩家彷彿派遣部下去蓋城鋪路的感覺。

　　認識了桌遊的基本概念與內容，下一章會深入探討桌遊應用在教育領域的 7 大亮點。了解與掌握這些亮點，能讓我們在使用桌遊上更有依據。

> **重點提示** ──
> 透過遊戲盒上的資訊，如：名稱、作者、品牌、獲獎、時間、人數、適用年齡、美術等，可以讓我們快速掌握一款桌遊的概況。

---

4. 玩桌遊時常會聽人說起米寶二字，這是什麼呢？米寶是指桌遊中每位玩家所屬的木頭小人指示物，後來衍生成指稱遊戲中各式各樣的指示物。米寶一詞譯自英文 meeple，但它也是一個新創的詞彙，2000 年時有一位叫做艾莉森・漢塞爾（Alison Hansel）的玩家將 my 與 people 兩字合體為 meeple 以稱呼《卡卡頌》遊戲中的木頭小人，後來這個詞廣為流傳，竟於 2015 年的時候被收錄到牛津英文字典中。

第二章
CHAPTER TWO

細數玩桌遊的 7 大教育亮點

認知性
玩桌遊是一個不斷解決問題的歷程，過程中會應用到配對、記憶、空間、算術等各類認知能力。

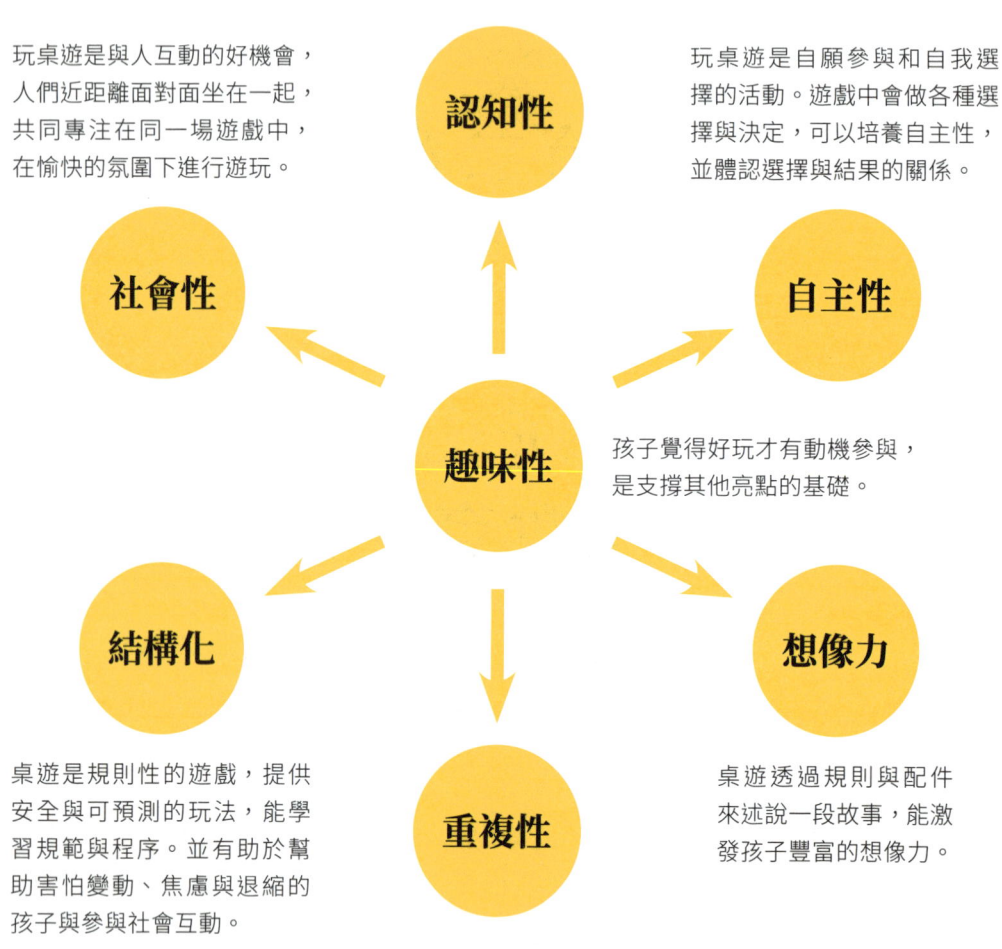

社會性
玩桌遊是與人互動的好機會，人們近距離面對面坐在一起，共同專注在同一場遊戲中，在愉快的氛圍下進行遊玩。

自主性
玩桌遊是自願參與和自我選擇的活動。遊戲中會做各種選擇與決定，可以培養自主性，並體認選擇與結果的關係。

趣味性
孩子覺得好玩才有動機參與，是支撐其他亮點的基礎。

結構化
桌遊是規則性的遊戲，提供安全與可預測的玩法，能學習規範與程序。並有助於幫助害怕變動、焦慮與退縮的孩子與參與社會互動。

想像力
桌遊透過規則與配件來述說一段故事，能激發孩子豐富的想像力。

重複性
桌遊以玩樂的正向經驗來增強孩子學習技能的辛苦，箇中趣味讓孩子忘卻自己正在進行重複的練習。

圖1　桌遊的7大教育亮點

第二章　細數玩桌遊的 7 大教育亮點

　　近年來桌遊於教育領域中普及與受到重視的程度，在各類遊戲與教具中是很少見的。幾乎在國中小的輔導室、資源班和資優資源班都可以看到桌遊的身影。究竟桌遊有什麼優點能吸引教育工作者使用呢？以下將介紹桌遊用於教育的 7 大亮點。

桌遊的教育亮點來自於──趣味性

　　桌遊為什麼如此受到教育領域的重視？我想遊戲的趣味性是最重要的原因。在先前的研究中發現，特教教師使用桌遊的主因，不只是因為能引起孩子高度的學習動機，[5] 甚至教師也能從教學中感到樂趣。[6] 孩子覺得好玩，參與課堂的意願就會提高；老師覺得有趣，教學才會認真投入。

　　不過，好玩的桌遊並非偶然，一個好玩的遊戲背後有著遊戲設計師的心血與出版社的努力。現代桌遊的設計日趨進步，遊戲的設計也走向專業化，好遊戲往往經過千錘百鍊而來。喜歡遊玩是孩子的本性，有趣的桌遊很容易吸引他們的注意，透過孩子的

5. 　徐敬婷（2018）、黃寶玉（2020）、莊庭滋（2021）之研究，詳見參考文獻。
6. 　胡峻維（2020）的調查發現，435 位國小資源班教師中，有高達 93.3% 同意或非常同意這個觀點。

主動參與，在沒有壓力的情況下進行學習，是我們使用桌遊的主要目的。

雖說趣味性很重要，但在我們的社會裡，傳統觀念還是常常對「玩」有所畏懼，那句「業精於勤，荒於嬉」還言猶在耳，彷彿「玩」對人會產生不良的影響。有一位中學教師曾經對筆者說，以前在共備課程時與其他老師一起研究桌遊，但因為擔心別人看到老師們在「玩」會有不好的觀感，於是把窗簾拉上。這真是相當矛盾且無奈的情景，老師希望透過寓教於樂來提高教學品質，所以研究桌遊，同時卻又要擔心他人的目光。美國心理學教授格雷（Peter Gray）在他《會玩才會學》（*Free to Learn*）一書中有句話讓人很有感觸：「難道教育兒童的最佳方法就是強迫他們進到無聊、不開心和焦慮的環境嗎？究竟是怎麼得出這種結論的？」雖然難以改變教育體系與政策，但我們能讓自己的教學變得有趣，而好玩的桌遊可以提供些許助力，讓我們的孩子能經驗到愉快的學習。

不過話說回來，並非所有的桌遊都是有趣的，也不應認為「桌遊」必能提高孩子的學習動機。根據一些國外的粗略統計，2019年以後，每年全球的桌遊出版數量多達5,000款以上，數量多到難以保證每款都是高水準的作品。有些遊戲可能有趣，但遊戲主題內容不一定適合兒童；有些可能極具教育目的，但卻十分無聊。因此，不應認為每一款遊戲都適合應用於教學中。在我

們使用桌遊以前，應要先了解這些遊戲，最好的方式就是自己試玩，感受看看是否好玩。而不要盲目地選擇聲稱具有教育功效卻無趣的遊戲，那將有可能失去所有亮點的根源——趣味性。

案例：趣味的桌遊能提高孩子的學習動機

在資源班中，阿智老師新接手一位高年級學生，這個孩子常常不想來學校，而家長工作忙也默許這樣的事情發生。導師雖有通知家長，但家長無暇顧及孩子，所以來不來學校變成由孩子自己決定。這個孩子在學習上沒有獲得成就感，覺得學校很無聊，有拒學的狀況，一週到校約兩天而已。

阿智老師從家裡搬去許多桌遊，每次資源班上課的時候都抽出空檔和他一起玩，在幾個星期內，這個孩子的出席率提高不少，到資源班時也願意跟老師聊天說笑。阿智老師問他是否最近比較喜歡來學校？「我覺得來學校很好玩，老師帶來的遊戲很有趣。」這個孩子回答。

重點提示

好玩的桌遊才能吸引孩子，當孩子產生高度興趣時，其他教育的功效才得以發揮。因此教學者首要的任務是找出趣味性高的桌遊。

桌遊的本質是與人同樂──社會性

　　桌上遊戲是一種社會性遊戲，大多數都需要複數玩家一同進行遊玩，雖然有些遊戲可以單人玩，但通常是以補充的規則進行，而非該遊戲的原貌。回顧人類文明中出現的經典遊戲：蛇梯棋、圍棋、象棋等，無一不是兩人以上同樂的遊戲。

　　桌遊可以成為人與人之間建立關係的契機。馬斯洛的需求層次理論金字塔中認為，在滿足生理與安全需求之後，人們開始有愛和歸屬的需求。孩子也不例外，他們也希望加入團體並能交到朋友。透過桌遊活動，不同特質以及不同背景的孩子能坐在一起，一同享受遊戲中的歡樂與刺激，共同形成一段快樂的遊戲經驗。這樣的活動能夠讓孩子們拉近距離，認識彼此，成為建立關係的媒介。

　　若教學者想要避免遊戲中的衝突，可以嘗試使用合作遊戲，如《小小貓頭鷹》、《情緒小怪獸》、《魔法照路》等，此類遊戲需要玩家間的溝通與互助，才能一起完成勝利目標；即使遊戲失敗，也是共享這樣的遊戲結果，孩子的衝突會比較少。不過，孩子們在一起玩總是會有爭執，即使合作遊戲也是會有互相指責的情況發生。但不用擔心，面對衝突也是社會化的過程，玩桌遊的衝突正好是在「自然情境」中學習的好機會，比起刻意模擬情境告訴孩子說：「我們面對衝突時該怎麼辦？老師教你們三種方法，

第一……；第二……」「你們告訴老師，你會用哪張圖卡的方法來解決衝突呢？」在桌遊中所發生的狀況是不是要真實有趣得多？

桌遊的社會性優點也可以用自我決定論來解釋，自我決定論認為，人除了生理需求，還有心理需求，如果心理需求無法被滿足，心理健康會出問題。而心理需求有三個主要的面向。

勝任感

人們需要覺得自己擅長某件事情，才會有成就感，並且積極參與投入。教學者可以透過巧妙地安排桌遊活動來讓孩子獲得這種感受。選出適當難度的遊戲，讓孩子在遊玩時能獲得成就感，透過教師的口頭增強，讓他們覺得自己是位優秀的小玩家；或是特別為孩子選出他擅長的遊戲類型，讓他察覺到自己與眾不同的能力。

自主感

人們喜歡自己做決定，不希望被強迫。在玩桌遊的過程中，孩子有大量自主選擇的機會，這個過程可以滿足孩子的自主感。我們不要干涉孩子在遊戲中的選擇，只要符合規則，沒有所謂的對錯。孩子在遊戲中可以做他想做的事情。我們只需要對於孩子的決定給予充分的支持，而非評判他選擇的好壞。

歸屬感

　　人們希望與他人建立親近的關係，獲得他人的認同。透過桌遊能讓孩子們一起經驗一段歡樂的時光，增進彼此間的好感，建立孩子在團體中的歸屬感。有些孩子會因被排擠而難以加入同儕發起的遊戲中，但教學者透過帶領桌遊活動，能讓這些平時不合拍的孩子坐下來一起玩。教學者可以在遊戲中稱讚每一個孩子，這樣能悄悄地拉近同學間的距離。

　　此外，桌遊活動很適合讓孩子練習社會技巧。多數桌遊都是回合制，孩子們會輪流進行動作，這種回合制的玩法很適合讓有衝動、過動或社會規則學習困難的孩子練習輪流等待，或是學習遵守團體規範。有些遊戲能練習口語溝通能力、敘事能力、分享感受或喜好、運用適當的方式解決衝突、認識自己的優缺點等，關於社會技巧則留待第四章有更詳盡的解說。

　　總體而言，桌遊的目的與本質是營造人際互動的樂趣，因此許多玩家在評論一個桌遊好壞時，經常將互動性視為重要的指標。然而，凡事過猶不及，過多的互動有時也會令人感到疲累內耗。當忙碌的日子告一段落，有時候我們或孩子只是想透過遊戲沉澱一下，些微的互動佐以獨自專注的盤面，像是《輕鬆放》、《拼布對決》或《貓與花毯》可能更適合這樣的心情。

> **重點提示** ───
> 玩桌遊能拉近人與人間的距離,是學習社會技巧的好機會。在教學者的引導下,玩桌遊可以產生愉快的互動氛圍,能滿足勝任感、自主感與歸屬感等心理需求。

玩桌遊是問題解決的歷程──認知性

在神經科學的研究中發現,遊戲對大腦的發展有所助益,幼兒時期的遊玩會使腦中突觸有更多增長的機會,讓大腦發展更具變化性;孩子在遊玩時,腦內的思考中心與情緒中心的連結會增強,對於認知與情緒也會有正向的影響。此外,兒童發展學家也認為遊戲對認知有很大的影響,像是維高斯基(Vygotsky)認為遊戲可以幫助孩子的抽象思考能力成長;皮亞傑(Piaget)則認為,在遊戲中,孩子可以調整內在認知基模來使自己適應於外在環境,兒童在遊戲中不需要刻意學習新的認知技巧,但可以因為遊戲而輕鬆練習新的技巧。時至今日,在諸多學者的主張下,幾乎都同意遊戲能促進兒童認知發展。

在兒童遊戲理論中,所謂的規則遊戲有兩個主要的類別,一為運動類型的遊戲,另一為桌上遊戲這類靜態的遊戲。兩類遊戲都以規則制定玩法,並以爭取勝利作為遊戲目標。桌遊比之運

動競賽，在遊玩時僅需要一個小型室內空間。在看似平靜的桌遊中，人們腦中卻有大量的思考與心理活動。玩家們在遊戲中依循著規則，盤算著一步步的動作，希望爭取有利於自己的局勢而獲得勝利，從這樣的遊玩方式可以看出，玩桌遊是一種認知性的遊戲競賽。

「玩桌遊」也是一種問題解決的歷程。每一款桌遊都有勝利目標，為了達成勝利目標，我們會需要面對一系列的問題或挑戰。舉例來說，《閃靈快手》在每回合中，孩子要搶先抓出桌面上正確的物件，而要抓出這個物件，則涉及到認知中圖形配對、顏色區辨的歷程。因此每張牌的出現，都會讓孩子的小腦袋轉上好幾圈。這回合該抓同色的物件？還是該抓圖案上未出現的物件？幾經思考後，孩子奮力一抓，找出正確答案，問題方得以解決。又或是玩《拉密數字牌》時，想要盡可能地將數字牌打出，就必須思考如何將桌上的數字牌重新排列組合一番，這個過程中，需要不斷地解決排列與組合的問題。

在相對複雜的桌遊中，我們也會大量運用到後設認知，像是計畫、監控、檢驗、評估我們在遊戲中所做的決定和行動。例如有時會看到孩子手拿棋子，猶豫不決地低聲問自己：「我動這一步往這邊走好嗎？我走另一邊會獲得木頭資源⋯⋯那是不是比較好？」筆者也常在玩的時候自問自答地進行自我監控與評估，像是：「我有三個動作可以做，我想做A、B、D，但這樣是最佳解

嗎？還有沒有更好的選擇？若是做 A、C、D 呢？好像沒有比較好……」透過遊戲的進行，能讓孩子練習後設認知的使用。對孩子而言，則建議在對遊戲有興趣，且玩法也精熟掌握後，再去引導學習後設認知的運用，以免在遊戲之初給予過多無關遊戲進行的資訊，而降低了孩子遊玩的意願。

桌遊在國內市場能漸漸占有一席之地，其認知性的優點是很大的原因。許多家長希望孩子能邊玩邊學，讓遊戲產生寓教於樂的功效。但有時候過度強調認知性，可能會讓趣味性大打折扣。要記得兒童玩遊戲就是為了遊戲，因此當遊戲背離了樂趣的本質，孩子將不再覺得這是個遊戲。

> **重點提示**
> 玩桌遊是一個不斷解決問題的歷程。為了解決這些問題，孩子會運用到各式各樣的認知能力。孩子玩遊戲就是為了玩遊戲，過度強調學習會背離玩的本質，容易得到反效果。

玩桌遊是主動參與和做選擇的體現──自主性

遊戲是一種自願參與和自我選擇的活動。從玩哪一款遊戲開始，孩子就在選擇和決定是否參與。觀察孩子玩桌遊時會發現，

有些孩子會選擇自己想玩的遊戲，然後詢問其他孩子要不要參加，其他孩子也會依照自己的喜好來決定是否要參與這場遊戲。

在遊戲開始後，又會涉及一系列的選擇與決定。比如《卡卡頌》這款遊戲，孩子拿著一片新翻起的板塊，要在開放的空間裡尋找適當的地方置入，要放在哪裡，需要進行一次選擇。選定位置後，手上的板塊還可以做四個方位的旋轉調整，這裡又需要做選擇了。等放置板塊以後，要派自己的米寶到板塊上，這時又有城堡、道路、農田等不同的地貌，等著孩子決定放在何種地貌上。遊戲裡要做的選擇相當多，但做決定的人只有孩子自己。因此在玩遊戲時，孩子會面臨不斷的選擇與決定，這正是練習的好機會，可以幫助孩子培養自主性。

玩桌遊所產生的自主選擇，能讓孩子體認選擇後所獲得的結果。有時結果甜美，有時令人悔不當初，輸掉遊戲的孩子甚至會因此嚎啕大哭。但遊戲是公平的，每位玩家都必須為自己的決定承擔結果。聽起來好像很沉重，但好在遊戲是個封閉且符合規則的環境，在裡面做錯決定，對真實生活並不會產生什麼影響。就好比玩《大富翁》破產了，但在現實中還是活得好好的。這是玩遊戲的一個特色：提供安全的環境讓孩子練習技能。因此，透過桌遊，孩子有很多機會練習自己做決定，雖然必須為後果負責，卻是在安全的情境裡。

在遊戲中，每個孩子都是自主行動的個體。玩遊戲時，孩子

的選擇、操作、言語都成了遊戲中關注的焦點。由於遊戲中玩家是平等的，孩子在遊戲裡的影響力不亞於成年人，他們會在遊戲中感受到自己的主體性與能力。如皮亞傑所提出的：「成長使5歲後的幼兒更有力量，扮演遊戲越來越不吸引他們，他們開始喜歡具有規則的遊戲。在遊戲中，孩子能展現自己的技巧與能力，有助於提升自信心與增進自我印象。」

在玩遊戲時，孩子有做決定的自由，成年人不應干涉孩子的決定。曾經看過成年人不斷堅持「指導」孩子遊戲中的策略，強勢要求孩子應如何做才會獲勝，最後鬧到孩子哭著放棄遊戲而負氣離去，徒留一場本應帶來歡樂卻未竟的桌遊。教學者和家長應抱持著開放的心，讓孩子在遊戲中自由探索，在遵守桌遊規則下進行的遊戲並沒有什麼對錯，應該尊重孩子的遊戲決定。

玩遊戲的孩子處於主動的狀態，他們是資訊的輸出者，腦袋會不停想著接下來要做什麼事情，因此能維持著高度的注意力。大家一定有上課或聽講時睡著的經驗吧？但應該沒有看過臺上授課的老師自己睡著的窘境吧？傳統的講述教學之所以容易讓學生感到無聊，就是因為學習者只能一味地接收資訊，而處在被動的情境久了，人很容易疲倦，自然就很容易睡著了。

> **重點提示** ──
>
> 桌遊提供安全的環境讓孩子展現自主性。孩子學習自己做決定，也學習接受結果。切勿干涉孩子的選擇，這是剝奪樂趣與自主性的惡行。主動的參與讓孩子成為資訊的輸出者，得以維持高度的注意力。

沉浸在桌遊主題的故事中──想像力

受到歐式遊戲的影響，許多桌遊會模擬一個真實或幻想的主題，它們使用半抽象的配件與簡潔的規則來呈現這個主題下所發生的大小事情。而玩家就依循著規則來與這個模擬的世界進行互動。如《卡魯巴兒童版》中，玩家扮演著小小探險家，在叢林中探索不同的道路，合作尋找寶藏，中途可能會遇到危險的野獸或是被海盜追趕，讓人身歷其境。

又好比《卡卡頌》裡，玩家扮演中古世紀的諸侯，而木製米寶代表著自己的手下。玩家透過拼放板塊與放置米寶，去模擬真實世界裡諸侯派遣手下爭取影響力的情節，像是到城堡、道路、草原和修道院等不同地方增加自己的勢力。又如《現代藝術》遊戲中，玩家經營各自的藝廊，以各種不同的競標方式來哄抬炒作藝術家的作品。玩過這款遊戲的人都可以深刻體驗到設計師倪睿南

所傳達的概念：藝術品市場的炒作與不確定性。

　　海倫凱勒曾說：「只有靠想像，才能進入最美的世界。」教學者善用桌遊，能引導孩子認識許多未曾體驗的故事，讓孩子的想像力延伸到故事情節與規則所表徵的事物關係。透過孩子的主動參與，更能加深他們在遊戲裡的沉浸感。

> **重點提示**
>
> 玩桌遊可以讓孩子探索一個特定的主題情境，讓孩子的想像力延伸到遊戲的故事中。孩子的主動參與，會加深對故事的沉浸感。

用趣味來包裝枯燥的技能練習 ── 重複性

　　要精熟一項技能，總是要經歷一段辛苦的練習過程。練習給人的印象就是帶有枯燥的意涵，通常會反覆地做同一件事。仔細觀察桌遊的遊玩，其實也就是透過簡單的規則與動作，一再重複相同的動作。但為何玩遊戲不無聊？因為桌遊以趣味性來支持孩子持續從事這項練習活動，並且以遊戲的內在價值（遊戲中的貨幣、資源、分數或成就）來增強孩子在遊戲中所付出的努力，使孩子充滿動機，願意積極面對遊戲中的困難。

玩《拔毛運動會》時，小雞在運動場上奔跑和拔他人羽毛的情境，讓人覺得相當逗趣，這種感受支持孩子想要達成遊戲目標，讓他們躍躍欲試想要得到滿屁股的羽毛。遊戲開始進行時，每回合的動作都是一樣的，翻起一張牌，如果記憶正確，往前走一步，直到翻錯牌為止。整場遊戲下來，孩子其實就只是翻牌、蓋牌、往前走。如此看似重複單調的動作，為何能讓孩子樂此不疲？

　　仔細剖析遊玩《拔毛運動會》的歷程，會發現其實我們每一個動作背後，都在試圖記憶與驗證方才的印象是否正確。有人利用口訣記憶，有人利用圖像記憶，也有人利用出現順序來記憶，因此在高度重複的動作背後，潛藏著我們運用記憶策略的一番努力。而當成功翻起正確的牌卡時，小雞往前一跳，就是對於玩家努力練習的增強回饋。

　　又好比《Blokus》，每輪都進行相同的動作，玩家將手上的方塊以角對角的方式連接，放置好後就換下一家進行，直到遊戲結束都沒有改變玩法。聽起來相當單調無趣，但這遊戲卻在全世界都大受歡迎。因為在遊戲的背後，每一片方塊的放置都能帶來有趣的結果，因此孩子願意反覆遊玩。其實在這些重複進行的動作中，孩子正不知不覺地做著空間規畫與問題解決的練習。

　　透過好玩的桌遊，兒童就能在不自覺的情況下，反覆精雕細琢他們的技能。試想，將《拔毛運動會》的規則和遊戲情境都移

除掉,單調地為小朋友訓練記憶力,要他們記住每一片圖卡的位置,對孩子來說是何等無聊。遊戲神奇的地方就在於利用這些玩樂的正面經驗,增強孩子練習技能的辛苦,卻又不著痕跡地讓他們喜歡上這種練習。

> **重點提示**
> 玩桌遊其實是一種重複練習特定技能的活動,但有趣的玩樂經驗能讓孩子克服無聊,心甘情願地做練習。

規則提供安全與可預測的玩法 ── 結構化

規則,是人們與一款桌遊的互動方式。在玩物理論中,桌遊被視為是「規則性的遊戲」。桌遊之所以是桌遊,就是因為有規則來制定該如何玩它。一套清楚的桌遊規則,會闡述玩家遊戲的目標、進行流程、結束方式、勝負決定方式等;也會讓我們覺得這套遊戲很「乾淨」,在遊玩的過程中,可以按部就班地進行,而不會有含糊不清的地方。

一款結構化的桌遊會在遊戲版圖、卡牌、配件等各方面都有清楚的視覺線索,也會清楚地描述遊戲中不同階段的開始與結束,以及每位玩家做動作的時機、次數與方式。結構化也意味著

「遊戲玩法上的可預期性」，有助於害怕變動、焦慮或退縮的孩子，在了解遊戲的玩法後，能在有安全感的情況下順利與其他孩子互動。結構化的規則不只對特殊孩子有幫助，常玩遊戲的一般孩子也會對於聽「規則」更有耐心，並漸漸具備對步驟與程序的敏銳度，在思考事情的時候可能會更加謹慎，並留意到程序步驟之間是否有所衝突。

> **重點提示**
> 桌遊是一種結構化的遊戲，它必須依循著規則進行。孩子在熟悉遊戲後，能在可預測與具備安全感的情境下與人互動。

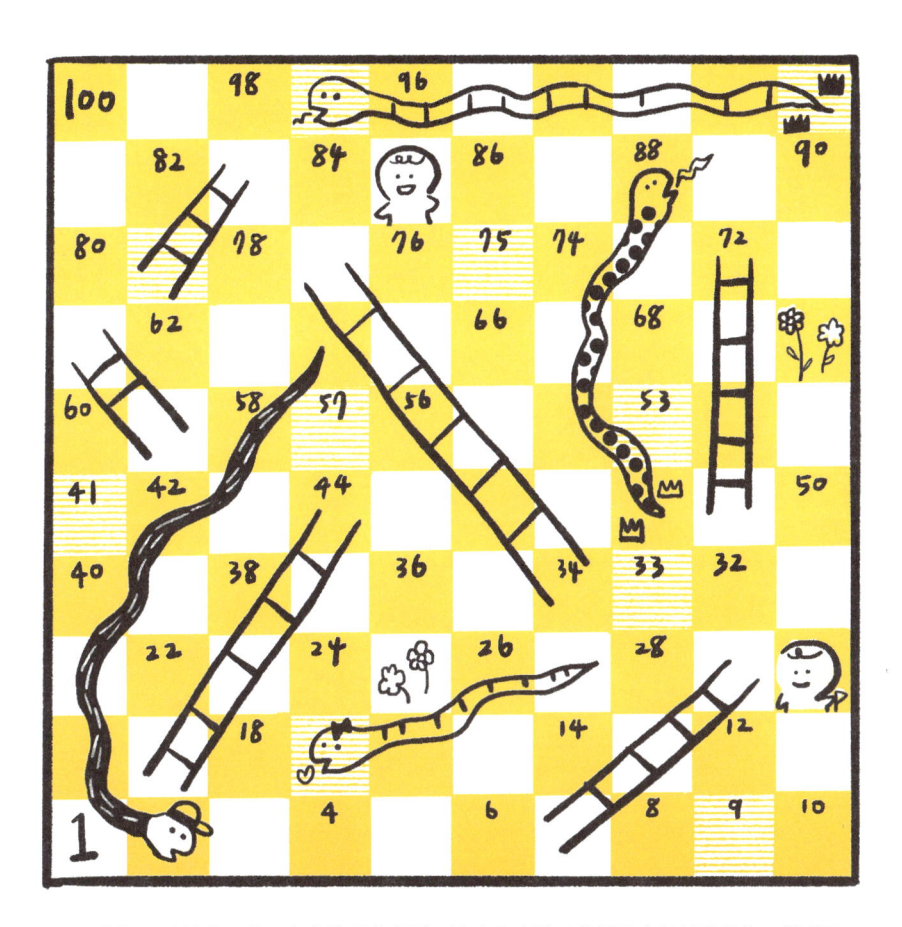

《蛇梯棋》源自於古印度，有著簡單的規則，適合兒童遊玩與練習多種基礎技能。讀者可以放大此圖來遊玩。

第三章
CHAPTER THREE

將桌遊運用在
教學活動中的 6 個步驟

在教學中使用桌遊的目的相當多元，我們可能會將桌遊用於增進孩子的社會技巧、情緒、認知、語言、動作或特定學科，也可能只是與孩子共享一段歡樂的休閒時光。如果要將遊戲運用得更有效率，使教學目的與效果更加明確，本章將系統性地說明包含6步驟的系列流程：了解起點能力、選擇桌遊、桌遊的適性調整、進行桌遊活動、遊戲結束與效果評估。

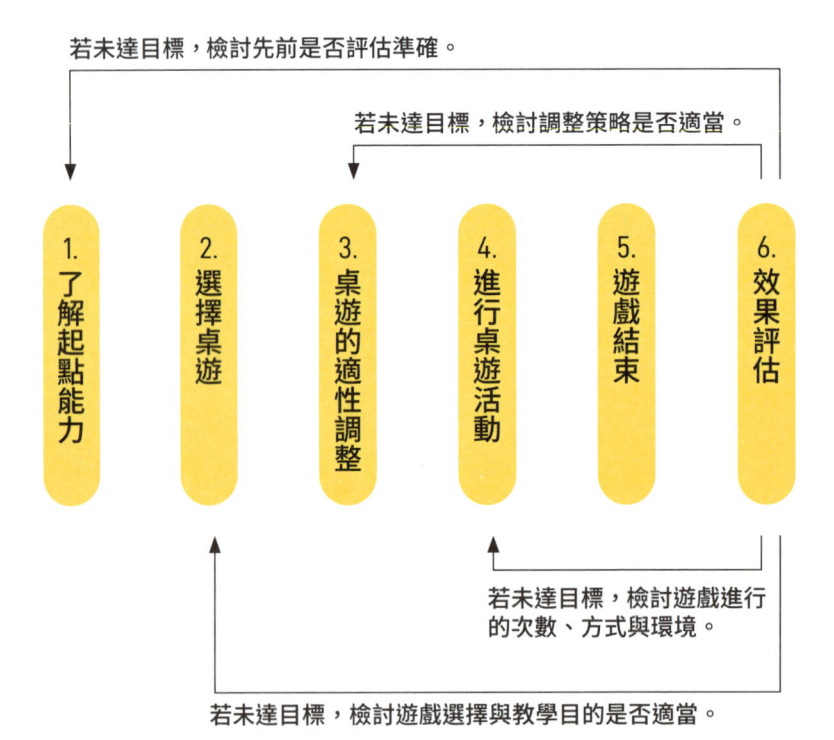

若未達目標，檢討先前是否評估準確。

若未達目標，檢討調整策略是否適當。

1. 了解起點能力
2. 選擇桌遊
3. 桌遊的適性調整
4. 進行桌遊活動
5. 遊戲結束
6. 效果評估

若未達目標，檢討遊戲進行的次數、方式與環境。

若未達目標，檢討遊戲選擇與教學目的是否適當。

圖2　在教學活動中運用桌遊的6個步驟

步驟 1：了解起點能力

　　起點能力是指孩子在經歷學習活動之前，就已經具備的能力／技能／知識等。由於每個孩子所具備的能力和特質都有些許不同，而特殊孩子和一般孩子的差異更大，這是我們在進行教學前必須考量的事情。在特殊教育裡，教學者會先考量孩子目前的能力現況和學習需求，為孩子設定學習的目標，並擬定課程或相關服務以滿足孩子的教育需求，進而達成這些目標。以上就是個別化教育計畫的精神，希望能精準評量孩子，並為孩子設計與執行適性的課程。

　　因此，若想要有系統地使用桌遊，應先了解孩子的起點能力。了解起點能力的重要性有二。第一，能讓特殊孩子順利遊玩桌遊。特殊孩子玩桌遊最常面對的問題是無法順利進行遊戲，即使遊戲的年齡層是符合的，卻可能因為認知發展、情緒狀態、社會技巧、語言溝通、閱讀能力、感官能力、動作能力等限制，導致遊戲無法如計畫般進行。因此，了解孩子的能力，有助於教學者選出適合的遊戲與進行適性的調整。第二，能透過鷹架理論來支持孩子的進步。當我們了解孩子的能力現況時，才有辦法選出對孩子而言稍具挑戰性的遊戲。在鷹架理論中，學習任務的難度要介於孩子無法達到和輕易達到之間，就好像為他們搭上鷹架，支持著他們進步成長。有一點挑戰的遊戲，才會

讓學習者更上一層樓。若任務都不具挑戰性，孩子也會因為過於簡單而意興闌珊。

> **案例：有點挑戰性的遊戲讓孩子更加投入**[7]
>
> 　　景鈺老師帶著孩子們一起玩桌遊，其中一位是有過動／衝動特質的發展遲緩孩子。他們於一個月內進行了四次遊戲，每次都玩《抓鬼大隊》和《企鵝敲冰樂》。結果景鈺老師發現，雖然《抓鬼大隊》比《企鵝敲冰樂》較為困難，但孩子比較喜歡《抓鬼大隊》，總是表現出躍躍欲試的樣子。在老師的觀察中，他發現《抓鬼大隊》讓孩子感到有點挑戰性，卻又不至於令孩子感到挫敗，這種感覺反而讓孩子在遊戲中更加投入。

　　孩子的能力包含很多不同的面向，像是：社會技巧、認知、語言、情緒或學科知識等。教學者通常可根據非正式評量的資料作為依據，如：平時觀察、學習狀況、師生互動、同儕互動、家長訪談等結果，作為桌遊活動的準備依據；若教學者已有正式評

7.　　江景鈺（2020）。桌上遊戲結合社會技巧教學對發展遲緩幼兒社會互動行為影響之研究（碩士論文）。國立臺北教育大學。

面向	建議評估項目
年齡	隨著年紀的成長，孩子認知、社會、語言、情緒與動作等各方面的能力都會有所變化，尤其是嬰幼兒時期的變化更為快速。因此衡量各種起點能力時，年齡也是重要的考量因素。
社會技巧	現有的社會技巧，如在聽從指令、輪流等待、遵守遊戲規則、交談、分享、面對衝突與自我認識等方面的表現。
認知發展	現有的認知能力，如在專注、記憶、分辨、指認、配對、閱讀、計算、記憶、空間、分析、推理、後設認知與抽象思考等方面的表現。
情緒／行為	現有情緒／行為的表現，像是挫折容忍的程度，是否會尖叫、大哭、攻擊行為、衝動、過動、退縮、焦慮、憂鬱等。情緒平復的時長、同理心等表現。
語言溝通	現有語言能力，口語理解程度、語法正確性、詞彙量、對話輪替、開啟話題、話題維持、交談修補、敘事能力等方面之表現。
動作能力	現有動作能力的表現，如手掌抓握、拇指與其他指尖撿物、肌肉穩定度、運筆能力、堆疊積木、手指彈射、手指分化與動作計畫等。
感官能力	孩子的視覺、聽覺與觸覺的狀況，看得清楚文字、分辨色彩、點字需求、聽到一般說話的音量、輔助器材的需求、讀唇的需求。
個人喜好	孩子的興趣、喜歡的活動、遊戲的經驗、喜歡的主題。

表1　孩子起點能力的評估建議面向

量的資料，如：智力、認知、社會情緒、行為問題、適應行為等標準化測驗的結果，這些也是很好的參考資訊。在表 1 中簡單提供一些方向作為了解孩子起點能力時的參考，讓教學者或家長有個大致的方向去掌握孩子的能力，以利後續的遊戲教學活動。

> **重點提示**
>
> 起點能力是指當要進行教學時，孩子目前所具備的能力情況。評估起點能力有兩個用途，首先是幫助孩子順利進行遊戲，其次是以鷹架理論的思維來選擇稍具挑戰性的遊戲，以促進孩子能力的成長。

步驟 2：選擇桌遊

為孩子選擇遊玩的桌遊時，應該考量三件事情：起點能力、學習需求與遊戲特性。第一，「起點能力」就是上段已經詳談的內容，了解孩子的起點能力對於我們規畫教學活動很重要。第二，「學習需求」是指孩子為了適應環境與生活所需要學習的事物，第四章中有提供相關學習需求之內容可供參考。在第四章中，這些學習需求的面向共分為五大類：社會技巧、認知、溝通、情緒與動作，每一項都涵蓋數項技能與行為表現，讀者可用

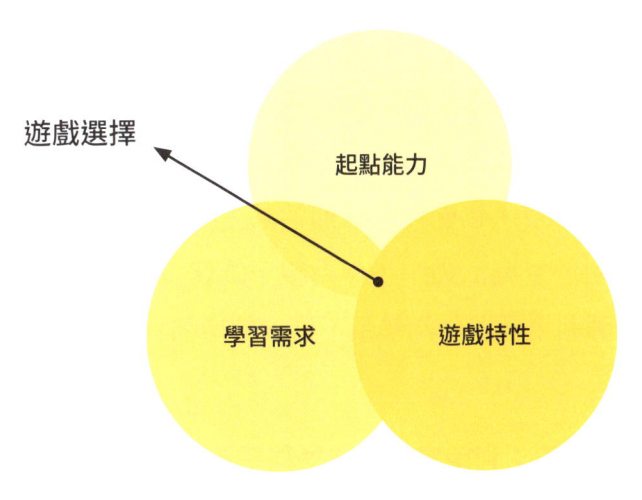

圖3　選擇桌遊的考量點

以思考桌遊在教學中的適用性。以下舉例說明使用的情境：

　　滋滋老師是低年級資源班教師，小仲常常和原班上的同學在玩遊戲時起衝突，滋滋老師觀察小仲的狀況發現，他很難遵守規範，面對衝突的時候也很難冷靜溝通。於是滋滋老師想要讓小仲在社會技巧課堂上，透過玩桌遊來改善這些問題。因此他參考第四章中社會技巧的「遵守規則與團體規範」（頁87）與「面對與解決衝突」（頁89）的內容，來思考自己的活動安排與遊戲選擇。

這裡所謂的「學習需求」也可以被視為使用桌遊的目的，因此不僅限於第四章中所提。使用桌遊的目的很多元，有時會被教師作為增強活動，用於獎勵學生的好表現；有時放置於學習區，供孩子自由探索學習；也能作為休閒活動，供孩子在課後或社團中娛樂；還能用於家庭活動中，作為親子維繫情感之用。以下案例說明一位老師利用桌遊作為學生不挑食的增強物。

> **案例：利用桌遊來鼓勵孩子不挑食**
>
> 　　葶葶老師是東部的巡迴輔導老師，在某個幼兒園遇到一位自閉症幼兒名叫小慶，他對於飲食有強烈的固著，只能接受特定的白色食物。小慶很喜歡和葶葶老師一起玩桌遊，葶葶老師和普通班老師藉此和小慶約定，吃完點心後才能玩桌遊。小慶便努力將碗裡的食物吃完，連本來不願意吃的青菜與肉都吃下去了，到後來甚至可以吃完一整碗的分量。從那次之後，小慶每次看到葶葶老師，都會很開心地跑到老師面前，拿著空空的碗告訴老師：「我有吃完飯飯，可以去玩遊戲了！」

　　第三是「遊戲特性」。由於每個孩子都有不同的學習需求與身心特質，所以並沒有一套能滿足所有狀況的萬用桌遊。即使是實務經驗豐富的老師與治療師，也都需要花時間了解孩子並挑選

適合的遊戲。本書第八章提供一系列桌遊菜單以供參考，像是增進「持續性注意力」、「記憶力」、「挫折容忍」等面向可以採用何款桌遊。該章為讀者系列性地推薦優良遊戲與應用方向，能減少探索遊戲所花費的時間。最後，建議選擇桌遊時，教學者還是應先了解玩法，最好能親自玩過，才知道如何教這款遊戲、如何進行遊戲調整，以及了解遊戲可帶來的教學效益。

> **重點提示**
> 選擇一款用於教學活動的桌遊，應考量「起點能力」、「學習需求」與「遊戲特性」的交集。

步驟 3：桌遊的適性調整

教導有不同需求的孩子時，教學者會先評量其優弱勢能力，再將學習材料進行適性的調整，以利孩子學習。這種適性調整的做法是教學者應具備的能力。同樣地，與特殊孩子玩桌遊時，我們也會進行調整。若孩子能力較弱，我們會將規則簡化；或是先教主要的玩法，熟悉後再加入其他細節。遊戲調整的面向可針對遊戲內容、歷程、環境與評量四方面，相關細節會在第五章說明。

步驟 4：進行桌遊活動

當教學者掌握孩子的起點能力，選好桌遊並規畫調整的方式後，桌遊活動便開始進行了！從打開遊戲盒子到遊戲結束的這段期間，教學者可以做些什麼？如何讓遊戲更順利？如何安排才能發揮桌遊的教學功效？本段將解說遊戲過程中可以進行的教學處理。

(1) 桌遊活動的準備	・遊戲前明訂行為規範與獎勵制度 ・認識配件與整理配件 ・遊戲設置 ・選擇玩家指示物
(2) 利用故事來開展遊戲	・背景故事 ・角色與目的
(3) 遊戲規則的教學	・邊玩邊學 ・結構化 ・動手操作 ・連結故事、角色與目的
(4) 桌遊的帶領與引導	・增強適當行為 ・鼓勵自主決定 ・遊戲動作的追蹤描述 ・反映遊戲中的情感 ・充分參與

表 2　幫助桌遊活動進行的提醒要項

(1) 桌遊活動的準備

・遊戲前明訂行為規範與獎勵制度

孩子都是愛玩的，光是拿出桌遊，他們就會十分興奮。而比較躁動或衝動控制差的孩子，可能已經迫不及待把手伸出來抓遊戲配件了。在遊戲進行時，孩子可能因為衝突、挫折、運氣不好等而情緒爆炸，輕則影響其他孩子情緒，重則可能破壞遊戲或出現攻擊行為。因此遊戲前，教學者應該清楚明確地訂定玩遊戲時的行為規範與獎勵制度。目的是要鼓勵適當行為的發生，與減少不適當行為的出現。

當教學者訂立好這些規範時，遊戲進行會較為順利。當問題行為出現時，教學者也能按照已訂立的規範來要求孩子。關於獎勵制度，若遊戲本身的回饋已經足夠成為孩子的獎勵，那就不需要依靠外在的增強物。但若教學者發現仍有需要外在的增強物，那也不妨使用這些外在的增強制度，以鼓勵孩子的好表現。

獎勵制度：遊戲本身的回饋

　　小蓉有注意力不集中的問題，但當她玩《德國心臟病》時，競速得分的刺激感與成就感帶給她很大的滿足，所以她能全神貫注地玩遊戲。老師不需要透過外在增強物來做鼓勵，因為這是多餘的，可能還會將她對遊戲的喜愛轉移成對獎品的依賴。

獎勵制度：外在的增強物

　　雖然小蓉玩《德國心臟病》很專注，但當她玩需要思考且步驟較多的《卡卡頌》時，就顯得較為不專心，且衝動的特質會讓她忘記要輪流等待，常常跳過其他孩子的回合。這可能是由於小蓉比較不喜歡需要思考較久的遊戲。為了鼓勵小蓉靜下心，坐著玩《卡卡頌》這種較為複雜的遊戲，老師制定了一個獎勵制度：遊戲中，每得到 20 分，就可以在遊戲結束時獲得一個禮物蓋章（章集滿可以換老師準備的小禮物）。於是，小蓉為了得到她想要的小禮物橡皮擦，在遊戲中變得相當認真專注。

- 認識配件與整理配件

　　當我們打開遊戲盒子進行準備時，會看到盒中有一袋袋的遊戲配件。教學者可以在準備遊戲的過程中，一邊簡單地為孩子介紹盒內的配件，像是棋子代表的意義、有幾種鈔票、有幾種顏色或形狀等。然後，讓孩子有機會幫忙整理分類遊戲配件。

　　簡單的介紹配件能讓孩子對遊戲有初步的認識，並會對接下來要玩的遊戲產生期待，就好像飢腸轆轆的人在享用大餐前，聽廚師仔細地說明每一道菜的名字和食材，這樣的期待能讓大餐變得更加美味。再來，協助分類與整理配件能增加孩子的參與感，讓孩子有機會動手觸摸，也能避免孩子因為沒事做而分心，有

助於準備期間的秩序維持，同時還能讓孩子感受到自己有能力幫忙，獲得當小幫手的榮譽感。

・遊戲設置

　　玩桌遊時，我們一般會先整理桌面，讓桌面保持清潔與乾燥，避免弄壞遊戲，如此才能延長桌遊的使用壽命。教學者也應收拾桌上的雜物，並盡量選擇素色的桌布或桌面，以幫助容易分心的孩子減少雜訊的刺激，使之更加專注於遊戲上。

　　桌面整理後，將遊戲放置於每個孩子伸手可及的中央之處，讓孩子方便操作與充分參與。在桌遊的放置與孩子座位的安排上，會因當下狀況而有不同考量，如：若孩子常會衝動伸出手破壞遊戲，可能就需要調整位置，像是坐遠一點；有些遊戲圖版會有圖示或文字資訊，這時應該將正面朝向孩子；若有多位兒童同時參與遊戲，則應正面朝向較不熟悉遊戲或認讀文字圖片較弱的孩子，以方便其理解。

　　當遊戲圖版位置決定好後，我們也可以請孩子將各種配件放置於對應的位置上。通常遊戲圖版上會有視覺線索指引配件放置的位置，教學者可以提醒孩子注意這些線索，如《起司天堂》中每個老鼠家都有一張對應大小的起司圖像，可以請孩子分類不同大小的起司後，再依圖像所示放到每個老鼠朋友的家中。

‧選擇玩家指示物

　　許多桌遊都有玩家個人的一組配件或棋子，通常會以顏色區分，例如跳棋中有三個顏色的棋子，一人選擇一組。教學者可讓孩子自己選擇喜歡的顏色，若多位孩子爭搶同一個顏色，可以讓他們自己協調決定，或提供他們一些方法，如：抽籤、猜拳、丟骰子等，藉此讓孩子學習與他人溝通協商的方法，也提升能彈性變通的能力。

> **重點提示**
> ‧遊戲前明訂行為規範與獎勵制度，有助於孩子表現適當行為。
> ‧整理與分類配件能增加孩子的參與感與期待感。
> ‧選擇玩家指示物時可以讓孩子練習決定事情的變通方法。

(2) 利用故事來開展遊戲

‧背景故事

　　現代桌遊，特別是歐式桌遊，常常會提供一個遊戲情境的背景故事，讓遊玩的孩子能夠帶入其中。這些故事也能刺激想像力，讓孩子沉浸在其情境之中。相關背景故事會印在說明書或盒背，教學者在講解遊戲前可先閱讀一下，以下舉兩個遊戲的背景故事為例。

《卡卡頌兒童版》

　　法國人每年 7 月 14 日慶祝他們的國慶日。在卡卡頌，人們會在國慶日當天早上把農舍裡的雞、牛、羊都放出來滿大街奔跑。孩子的任務就是在天黑之前，把牠們都帶回農舍裡面！

《獅子剪髮大冒險》

　　獅子 Leo 一定要去剪個頭髮，他的鬃毛快長得比他的頭還要大了！所以他在波波理髮廳做了剪髮預約，但 Leo 很不會把握時間，常常遇到動物就開始與他們閒聊。記住他遇到的動物，在 Leo 鬃毛太長前幫助他到達理髮廳吧！

　　從上面兩段敘述，可以看到遊戲提供的故事其實很精簡，教學者有很大的空間去將這些故事講得更口語化和生活化，孩子會更容易覺得有趣。教學者也可以在說故事時連結到遊戲的封面插圖或配件，讓故事說起來更加有畫面。如果說遊戲玩法是食物，那這些情境背景故事就是調味料了。補充一點，有些抽象遊戲並沒有背景故事，像是《寶石陣》、《Blokus》等。玩這類遊戲時，教學者也可以憑著想像力包裝一個情境，因為有個情境或任務的感覺，孩子會比較容易投入。而當教學者要進行口頭上的增強鼓

勵時，也比較有個著力點（例如：玩《寶石陣》時，編造一個探險家收集寶石的故事，如果把這些漂亮的寶石都放上去，就可以成為最有錢的富翁）。

一般情況下，教學者簡短地花1至3分鐘左右的時間就可以交代完這樣的小故事。但如果遊戲背景故事是主要的教學內容，那建議再花更長的時間在這些主題上，例如：以《吃早餐啦》繪本介紹早餐與地方風土民情後，再透過玩《吃早餐啦》桌遊作為總結性的活動；以《彩色怪獸》繪本帶領孩子認識情緒，再以玩《我的情緒小怪獸》桌遊作為表達情緒的練習活動。

・角色與目的

教學者在講述遊戲背景故事時，別忘了要跟孩子說他們在遊戲中所扮演的角色與遊戲的目的。讓孩子了解自己在遊戲中的角色、要做些什麼事情、最終目的是什麼，使孩子在被賦予遊戲的情境意義後，更加聚焦在玩這款遊戲。了解這些事情對於理解一款遊戲很有幫助，玩起來也會增添不少樂趣，因為孩子可以將自己的動作與情境做連結，使遊戲體驗因帶有故事性而更加豐富。例如《起司天堂》中，每個玩家有自己顏色的老鼠（玩家角色），要幫助老鼠走到朋友家吃起司，拿到最多起司的玩家會獲得勝利（遊戲目的）。如果有時候角色與目的在遊戲中不那麼明確，教學者也可以自己發揮想像力編造一個故事，重點是讓孩子可以專

心投入，沉浸在遊戲的情境之中。

> **重點提示**
> ・利用有溫度的背景故事來開展遊戲，能提升孩子對遊戲的帶入感。
> ・故事的敘述宜口語化和生活化。
> ・說明遊戲中孩子所扮演的角色與遊戲目的。

(3) 遊戲規則的教學

故事講完後，我們會開始教導孩子遊戲的規則。規則和故事有時也會混在一起說，這按照教學者的習慣進行就好，沒有一定的順序。一般來說，教遊戲經驗豐富的成人玩遊戲時，可以一次教完所有規則再開始遊戲。但孩子的注意力和理解能力較弱，一次說太多規則會讓他們消化不良，就會出現坐不住、分心等行為。尤其是特殊需求的孩子學習較慢，僅透過講述很難讓孩子理解遊戲，常要邊說邊搭配動作，透過實際操作與體驗幫助學習。

・邊玩邊學

因此，教孩子玩遊戲時，建議採用「邊玩邊教」的方式。這樣會比較有趣且學起來比較輕鬆，也可以避免一開始就聽不懂遊

戲規則而造成的挫折感。有些孩子的聽覺學習能力較弱，聽規則時很容易神遊太虛，「邊玩邊教」則是搭配視覺與體驗同時進行的學習方式，對於有些孩子來說是比較適當的。

「邊玩邊教」是指教學者不要一開始就講完所有的規則，遊戲玩到哪裡，規則教到哪裡。當孩子要進行動作時，教學者可以告知有哪些選項，孩子僅需要做決定，而當遊戲中出現新的狀況時，再將當下需要知道的規則說出來。過程中，孩子會因為實際遭遇到狀況而好奇之後會發生什麼事情，這時教學者就可以進行解釋。因為是由孩子主動提問，對規則的接收與理解也會較佳。對孩子來說，規則學習的認知負荷量下降，學起來輕鬆有趣，會自然而然地激發學習動機。這樣的做法其實也是很多資深玩家帶新手玩桌遊時會用的方式。

・結構化

遊戲規則的教學也可以透過 YouTube 上的教學影片，有些影片提供直觀的動畫解說，是很好的教學材料，同時也是教師學習桌遊時可利用的資源。對於有些語言表達較弱的孩子，在講解規則後可以請孩子複述規則，一方面確定孩子記住了，一方面也可以練習口語表達。

讓孩子直接閱讀說明書可能是門檻最高的學習方式，若孩子能力允許，其實也是很好的方式。若孩子對於看說明書很有興

趣，教學者不妨從簡單的說明書教導孩子閱讀，一方面培養閱讀能力，一方面還可以學習如何自己開啟一場遊戲。

教學者想要把桌遊教得容易理解，務必掌握結構化的原則，並輔以充分的操作示範說明。一份好的桌遊規則書，撰寫的結構會很清楚，因此教學者可以參考規則書上的步驟與程序來講述。

・動手操作

講解規則時，有些動作可能比較複雜難以理解，教學者應示範如何進行。也可以邀請孩子動手試玩，透過動手操作實物，將動作與規則連結，孩子會比較容易理解與記憶遊戲規則的意涵，這也正如維高斯基所說：「孩子記住他們做了什麼，而非記住別人跟他們說了什麼。」

・連結故事、角色與目的

想要把規則教得很有趣，除了透過生動的講解，教學者還可以透過展現遊戲中的動作、圖片與故事間的關聯性，讓孩子覺得妙趣橫生。像是《獅子剪髮大冒險》裡面，玩家會遇到不同的動物，其中母獅子會耽誤最多的時間。雖然規則書中並未說明原因，但教學者可以說「獅子 Leo 遇到他的女朋友很高興，所以聊得特別久」，這樣孩子們一定會覺得很好笑。透過一些故事性的連結，能讓孩子更融入遊戲，並增加遊戲的趣味性。

教學者帶領孩子玩遊戲時，可以擔任起始玩家，作為示範者，亦即第一個做遊戲動作的人。如此一來，害怕犯錯或猶豫不決的孩子可以透過觀察他人與模仿來學習。附帶一提，若遊戲中建議起始玩家由年紀最小的孩子擔任，通常表示該遊戲有「先手優勢」，先行動的玩家會有較大的機會獲勝。

> **重點提示**
>
> 遊戲規則教學的注意事項：
> - 「邊玩邊學」是自然又無負擔的方式，但教學者必須熟悉該遊戲。
> - 規則講解應結構化。
> - 透過實際動手操作較能理解。
> - 連結故事、角色與目的能讓規則教學更生動。

(4) 桌遊的帶領與引導

教完遊戲規則後，教學者一般都會陪伴孩子們玩遊戲。在玩遊戲時，我們可以透過一些帶領與引導的技巧，來增進孩子適當行為的出現頻率，同時支持孩子的情緒，訓練孩子的自主性與拉近師生關係等。以下提供五種桌遊帶領與引導的技巧。

・增強適當行為

當孩子玩遊戲有好表現時，教學者的稱讚能增強他們，讓他們有強烈的動機想再次表現出好的行為。在遊戲中有哪些行為是值得稱讚的呢？這會因為孩子的能力而有所不同。對於教學者而言，希望增進的適當行為都可以是目標行為，例如：能遵守玩遊戲時的行為規範、在有回合制的遊戲中能做到輪流等待、專心玩遊戲、自己做決定、正確地按照規則進行遊戲、有用心思考、友善對待同學、能控制衝動、輸的時候不生氣、做出很有創意的決定或結束遊戲後主動收拾等。

・鼓勵自主決定

不論是否在教育情境下，「玩桌遊」一直以來就是個講究自主決定的活動。具有運動家精神的桌遊玩家在觀局的時候，會避免對局內指指點點，正如俗諺所說：「觀棋不語真君子。」沒有參與遊戲的人，不應該去左右他人的決定。因此，既然是在玩桌遊，我們就應該秉持玩遊戲的精神，讓孩子自己做決定。

玩桌遊能提供孩子大量練習做決定的機會。有些孩子可能會因為沒自信、猶豫、退縮、內向、沒有安全感、害怕錯誤、社交焦慮等原因，在玩遊戲時害怕做決定。因此，透過遊戲中的練習賦能孩子，使其感受到自己有能力做決定。以下數點建議提供讀者參考。

- 孩子遵循遊戲規則所做的決定都應該被尊重，應避免指責或批評。
- 讓孩子自己決定，不要剝奪他們的探索之樂。
- 讓孩子自己發現遊戲策略，他們會很有成就感。
- 孩子做決定後，會從遊戲結果上得到回饋，可以學習承擔與接受結果。
- 支持孩子的決定，如：

  「老師，我可以翻開這片嗎？」

  「可以，你可以自己決定要不要翻。」

  （先對孩子予以肯定，然後還是將決定權交予孩子。）
- 促進孩子的決定，如：

  「想想看，該選哪一張牌呢？」

  「你可以決定出這張牌，或這張。兩張都可以。」

  （當孩子猶豫不決時，我們可以稍加幫忙，以協助孩子做決定。）
- 欣賞孩子的決定，如：「剛剛放下去那片很棒欸！將大城堡完成了！」

  （欣賞孩子的決定，能讓孩子獲得成就感和信心。）
- 兒童指導。當孩子不太願意自己做的時候，老師可以故意裝作不會，請孩子幫忙。老師：「這張牌打出來，小明會得幾分啊？老師不會算欸！」然後讓學生

自己計算分數。老師:「原來是這樣啊!謝謝你幫忙算分。」

- **遊戲動作的追蹤描述**

多數的桌遊都是回合制,亦即每個玩家會輪流執行動作。當玩家行動的時候,其他玩家通常會專注地看著,看看對局勢有何影響、有沒有做錯動作,或等著趣味的事情發生。正在進行遊戲的玩家通常被稱為「主動玩家」,主動玩家通常會有「大家正關注我的動作」的期待,甚至會有「我這手很厲害,你們等著看吧」的心情。主動玩家多半不喜歡自己在執行動作時,其他玩家分心在做別的事情,彷彿事不關己。基於這樣希望被關注的心情,教學者透過遊戲動作的追蹤描述,能和孩子進行情感的連結,孩子無形中會覺得每個動作都受到關注與支持,進而產生被接納、歸屬與安全的感覺。

「追蹤描述」是指在玩遊戲時,教學者注意著孩子的遊戲行為,以口語適當描述孩子在遊戲中所做的事。這個技巧有點像是體育賽事播報員所做的事情,甚至有點炒熱氣氛的感覺。例如:孩子玩《卡卡頌》時,在桌面上拼放了一片教堂,教學者:「哇!小芬拼上了一片教堂,周圍已經連結好多片土地了!看起來應該可以得到很多分喔!」或是玩《G同鴨搶》時,孩子打出一張狼的牌,教學者正好打出同色的鴨,於是教學者說:「哎呀,我真倒

楣,小辰怎麼剛好出了一隻狼,吃掉了我的鴨!」這種描述性的言語,就是遊戲動作追蹤描述的做法。

・反映遊戲中的情感

在遊戲中,孩子會產生各種情緒,不論是高興、難過、興奮、緊張、失落,這些都是自然現象,同時也是一件好事。若遊戲無法引起他們的情緒,就表示該遊戲太無聊了,要換個有趣或適合的遊戲才能引起他們的關注。遊戲就是因為好玩,孩子願意投入其中,才會產生各式各樣的感受。

當孩子產生情緒時,我們可以透過外顯的表情與行為感受到他們的情緒。但如果我們不說出來,孩子不會知道我們知曉他們的情緒。因此教學者可以用口語具體描述出來,孩子就會覺得「你懂我的感受」,產生被同理的感覺,能建立信任關係、夥伴感或得到慰藉(孩子可能無法分辨這麼細膩的過程,但自然能感受到老師在關心他)。以下提供一些反映情感的用語作為例子。

・接納孩子的負面情緒:「小汶骰得不好,看起來有點難過。」
・接納負面情緒並引導情緒出口:「曉君沒抽到想要的牌,看起來有點生氣。沒關係,我們下一回合再試試看,等等一定有機會。」

- 描述正向情緒：「品妤的老鼠都吃到大片的起司了，一定很高興對不對？」（孩子看到自己的遊戲成果不錯，有種沾沾自喜的感覺。教學者透過反映孩子的正面情緒，將他的愉快分享給全場。）
- 建立夥伴感：「不小心翻到太陽了，小柔覺得好可惜，再接再厲，我們繼續努力讓小貓頭鷹都回到家。」（在合作遊戲中，反映孩子的情緒後，做一點安慰性的鼓勵，再營造一起努力的夥伴感。）

- **充分參與**

要讓孩子在一場桌上遊戲中充分參與，不僅是在玩遊戲時能沉浸其中，參與遊戲的其他環節也很重要，像是遊戲設置、整理分類配件、洗牌、發牌、計分、收拾等部分。讓孩子參與桌遊的各種環節，可以建立起遊戲的儀式感，之後孩子就能按照這樣的經驗獨自帶領其他人玩桌遊，不用依賴大人；或是他們很容易依循著這套儀式來加入其他孩子的遊戲中。約莫幼兒園中班或大班的孩子，就有自己開啟一場遊戲並順利遊玩的能力了。

遊戲進行時，常常會有計分、拿取籌碼或是每回合「系統」設置的事物（如：《G同鴨搶》每回合要在各板塊上放置一個木頭飼料）。教學者可以將遊戲中的例行庶務分配給孩子，同時也能培養責任感，而教學者可以適時提醒孩子是否都有盡責，以維持

遊戲的進行。我常說:「老師不是荷官,不要在玩遊戲時把孩子服侍得好好的,因此不需要把發牌、洗牌、整理籌碼等事務全攬在自己身上。」若要讓孩子未來能自主地進行一場遊戲,要把這些權力和工作下放給孩子。

> **重點提示** ───
> 透過 5 項桌遊帶領技巧來改善行為、支持情緒、訓練自主性與增進師生關係。
> ・增強適當行為
> ・鼓勵自主決定
> ・遊戲動作的追蹤描述
> ・反映遊戲中的情感
> ・充分參與

步驟 5:遊戲結束

當遊戲結束後,教學者可以讓孩子們互相表達感謝,例如對同伴說:

「謝謝你,今天玩得很愉快。」

「和大家玩遊戲很開心,下次再一起玩吧!」

雖然看似有點做作或形式化，但對孩子來說，這些外在的話語能漸漸內化成行為，讓他們拉近彼此關係，這也是情意教育的一環。

讓孩子稱讚彼此也是很好的方法，試著讓他們說出對方今天的好表現。讚揚優點是一種增強正向行為的做法，可以讓孩子更有動機參與遊戲、遵守規則及展現適宜的表現。比如遊戲開始時，老師說：「小瑋上次玩遊戲很專心，同學都有特別稱讚你對不對？你真的很棒，今天也要有這樣的好表現喔！」

遊戲結束時，可以給予表現良好的小玩家一些獎勵，像是常見的次級增強物如：集點、代幣、喜歡的活動、玩具等；若是希望獎勵與桌遊有所連結，增強物可以是：讓孩子選擇下次要玩的遊戲、優先選擇想要的玩家配件顏色、可以用自己喜歡的卡通角色當作遊戲棋子等。若是遊戲前和孩子有訂定行為契約，也請記得在遊戲結束時檢視孩子是否有達成契約，以獲得先前承諾的獎勵。

遊戲後，引導孩子把遊戲收好也是很重要的環節。收遊戲時，盡量要避免將所有的配件整堆放入盒子中，建議將不同的配件以夾鏈袋或分類盒做適度的分類，以利下次玩的時候不用花太多時間做準備。教學者可以引導孩子將不同的配件分類，清點後放入袋子，最後再收入盒中，然後將遊戲盒歸位，圓滿結束一場遊戲。

> **重點提示** ──
> ・遊戲後讓孩子互相感謝，有助於增進人際關係。
> ・遊戲後讓孩子互相稱讚彼此的好表現，有助於適當行為的維持。
> ・如果有設定獎勵制度的話，記得要結算獎勵。
> ・遊戲結束時，引導孩子收拾遊戲。

步驟 6：效果評估

　　進行成效評估是為了解學生能力變化，也可作為下次活動的修正依據。然而桌遊不是速效藥，透過遊戲去改善行為或增進能力是無法一次奏效的。有時改變較慢，可以用潛移默化來形容。無論如何，都需要經過一段時間的遊戲後再來決定是否有成效。

　　我們可以透過客觀的觀察來了解行為改變的情形，比如運用單一受試法、行為檢核表紀錄等。若教學者無暇或並無教育研究法的訓練背景，那可直接透過對孩子的觀察來評估學習需求是否被滿足。當效果評估完以後，覺得孩子能力有所增進，這時可以進入下一個循環，從第一個步驟開始，再次衡量孩子的能力，並選擇新的桌遊繼續進行教學，或將原有桌遊加深加廣（加入擴充、自訂新規則、將原來被簡化的規則變回正常的規則）。

　　若經評估後，發現孩子的需求沒有被滿足，那可以去思考例

如：遊戲選擇正確嗎？遊戲調整適合嗎？孩子喜歡這款遊戲嗎？遊戲趣味度如何？孩子玩膩了嗎？一起玩的同儕適合嗎？以諸如此類的問題去檢視目前的狀況，如效果未達預期，可以回到先前的其他步驟，像是重新「了解起點能力」、「選擇桌上遊戲」、「桌遊的適性調整」、「進行桌遊活動」等，檢討先前步驟中是否有要改進之處，例如：

- 若效果未達目標，檢討起點能力的評量是否準確。若不準確，可能造成下一步驟在遊戲的選擇上與教學目標的設定上有誤。
- 若效果未達目標，檢討遊戲選擇與教學目的是否適當。可能遊戲過難／過易／無法吸引孩子，或是教學目標太過於理想等。
- 若效果未達目標，檢討遊戲的調整策略是否適當。也許需要更多的調整，或是應撤除不必要的調整。
- 若效果未達目標，檢討是否需要增加遊戲進行次數、修改引導過程、遊戲環境是否恰當等。

> **重點提示**
> 透過效果評估來檢視是否有達成預期教學目標，若成效佳，可以準備進行不同的遊戲或將原有遊戲加深加廣。若成效不彰，則回到前面的步驟去檢討是否要做改變。

第四章
CHAPTER FOUR

玩桌遊
培養孩子的 5 大能力

在前面介紹玩桌遊的 7 大教育亮點與 6 個步驟以後，我們將在此章聚焦於玩桌遊能為特殊需求孩子培養的 5 大能力。我們將孩子在生活中常用的能力分成社會技巧、認知能力、溝通能力、情緒能力、動作能力等五方面。而每一種能力下，又涵蓋許多不同的行為表現，本章將說明如何透過桌遊活動培養孩子的 5 大能力。

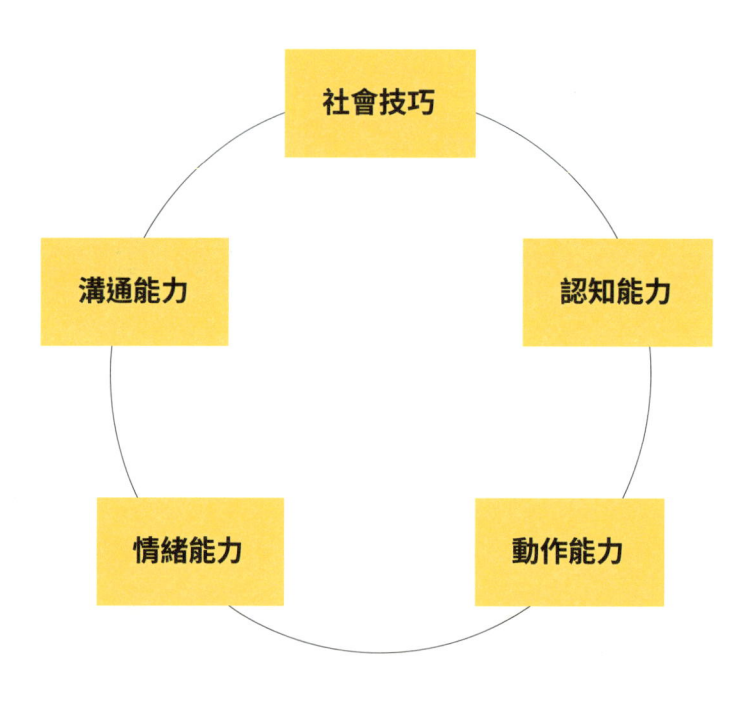

圖 4　玩桌遊培養的 5 大能力

增進與人互動的社會技巧

　　社會技巧是人類相當重要的能力，與個體的生活、求學與就業皆息息相關，甚至也連帶影響其他能力的發展。維高斯基就曾說：「社會互動是認知發展的引擎。」他認為社會互動在認知發展的過程中扮演重要的角色，因為個體學習與發展認知技能時，通常需要在社會與文化的環境下和其他人進行互動。像是和父母、教師與同儕的互動中，孩子會學習到新的想法、觀點、經驗、知識與問題解決，這些都有助於認知技能的發展。所以將社會技巧視為眾多能力的基石並不為過。

　　鑑於社會技巧的重要性，以及桌遊的高度互動與趣味的特性，許多教師與家長會利用桌上遊戲來增進孩子的社會技巧。特教工作者也不例外，我們也會運用桌遊引導特殊孩子學習與人互動的技巧，尤其以障礙程度輕度或中度的學生居多，像是具有情緒行為問題或自閉症的學生。玩桌遊也有助於親子／師生關係的建立，增加更多有品質的互動時間。桌遊用於增進社會技巧的層面很多，像是遵守規則、分享喜好、說話態度、人際互動、處理衝突等。在社會技巧中，人與人的交談技巧也是十分重要的一項，但由於語言的部分較為複雜，因此獨立介紹於溝通能力的段落。

建立人際關係

　　桌遊的本質就是社會性的遊戲，玩桌遊是與人互動的好機會，人們可以面對面坐在一起，共同專注在同一場遊戲中，並在愉快的氛圍下持續進行一項活動，有助於關係的建立。在玩桌遊時，遊戲成為一個讓孩子進行互動的交流媒介，如玩《卡卡頌》時，孩子會很自然地出現相互合作的情景，他們總是會說著這類話語：「你幫我拼這片啦！」「你先幫我，等等我就幫你。」

　　又或是《抓鬼大隊》中玩家需要合作記憶每一張小鬼的顏色，就會聽到孩子們分配工作，並討論記憶的策略：「小沐，你去記這幾張紅色的；阿軒去記那幾張綠色的。」這是由於桌遊玩法的設計，讓玩家自然產生出需要人際交流的動力，教學者可善用這種動力讓孩子建立良好的互動關係與友誼。推薦的遊戲可參見第八章的「人際關係」。

　　教學者也可以為桌遊活動的開始建立一些儀式，讓孩子學習如何開啟一段對話或一項活動，例如：先來到教室的孩子坐好後，邀請其他孩子加入，並和同桌的人打招呼，簡單介紹自己。透過多次練習，讓孩子將這種開啟社會互動的方式內化到日常行為中。如果孩子總是會在遊戲中與人起衝突，可以試試玩合作遊戲。合作遊戲的目標在於取得共同的勝利，他們對抗的是遊戲設計師所安排好的難題，所以玩家很自然地需要互相幫助，可以增加與他人合作的正向經驗，有助於孩子學習團隊

合作。

　　藉由一起玩桌遊，我們還可以從中了解到孩子的性格，有的孩子玩起遊戲來小心翼翼，有的大而化之，有的患得患失，也有的善於計算，孩子的百態盡收眼底。記得長輩常說「從打麻將可以看個性」，玩桌遊也是如此。透過觀察孩子們在遊戲中的言談、遇到困難時的因應方式、站穩優勢時的態度、舉棋不定的時候、形成決定的方式和對勝負的反應等，都可以看出孩子的個性。掌握孩子的個性後，要進一步與孩子建立關係會更加容易。

案例：桌遊拉近孩子間的距離

　　小洪是個性內向的聽損生，[8]在班上總是一個人安靜地做自己的事，同學們也不太會主動找她玩。

　　有一次，小彡老師讓同學們跟小洪共四個人一起玩合作遊戲《瓢蟲彩妝宴》，因為小洪的記憶力很好，能記得什麼顏

8.　聽損是指聽力損失，但不一定是經過特教鑑定的聽覺障礙學生。

色的瓢蟲可以跟誰吸在一起。當同學不知道該吸什麼顏色的時候，小洪總是能及時救援，提醒同學正確的答案。這場遊戲結束後，讓大家對小洪刮目相看，紛紛說下次還要跟小洪一起玩遊戲。

小彣老師發現，此後同學們開始改變對小洪的看法，他們似乎意識到小洪雖然不擅長言語交流，但她在其他方面卻有著特別的才華。從那時起，同學們開始主動接近小洪，小洪也漸漸打開了心扉，漸漸融入班上同學的活動中。

表現合適的對話態度

在對話時，人們會在傾聽和表達這兩種狀態中切換，正確判斷切換狀態的時機點也是成功的溝通互動中重要的一環。在聆聽方面，做出適當的傾聽動作可以讓說話者感到被尊重，是社交禮儀的一種表現；在表達方面，遊戲中孩子有很多自然的機會可以對話，包含開啟話題、延續別人所講的話等。舉例來說，當有人擔任《說書人》的出題者時，我們應該要專心聆聽，眼神看著出題者，保持安靜，聽清楚以後才進行選擇，這些是傾聽的練習；在表達部分，可以在遊戲進行過程中，引導孩子判斷適合發言的時機點，例如：他人講完一個段落，可以表達自己的想法，或是他人看著你的眼睛問問題時，需接話回應對方。

當孩子的交談能力需要訓練時，互動性高的桌遊是很好的練習素材。例如需要透過對話來進行交易的《卡坦島兒童版》，孩子能學習有禮貌地向其他玩家提出要求：「我有一把刀，請問有人願意用鳳梨和我交換嗎？」「我覺得這樣換不太好，你可以多給我一個嗎？這樣比較公平。」或是需要合作溝通的遊戲，例如玩《魔法照路》時，孩子們經常會互相詢問物品的所在位置：「有人記得月亮和城堡在哪裡嗎？」

遵守規則與團體規範

遵守規則是社會技巧中很重要的表現，也是兒童在社會化過程中應學習的重要行為。而桌遊是一種規則遊戲，玩桌遊的第一步就是學習遵守規則，即使是低齡的幼兒遊戲如《第一個果園》，也須按照簡單的規則來進行擲骰、拿水果、移動烏鴉等動作。桌遊的規則有簡單有複雜，適用年齡越低的桌遊，其規則越簡單；反之，則愈加複雜。給幼兒玩的桌遊，可以學習遵守簡單的規則；到中年級以上的遊戲，就開始出現帶有許多細節、帶有附加條件的規則、規則中的但書與例外等。

玩桌遊也是人與人之間的一種團體互動方式，在這種互動下有著許多不成文的團體規範。像是玩遊戲時不能吵鬧干擾他人、要輪流等待、玩的時候要愛惜桌遊、接受輸贏的結果、同理同學避免嘲笑、起手無回、不可以作弊等，這些都是玩遊戲時常見的

團體規範,教學者通常也會針對相關的不適當行為予以糾正。因此,對孩子來說,玩桌遊無形中也是一種遵守規則的學習,對孩子融入社會生活是有所助益的。

案例:不願遵守規則的小忠

小忠是一位5歲的輕度自閉症孩子,他喜歡玩桌遊,但不太願意遵守遊戲規則,為了勝利會強迫他人更改成能讓他贏的規則。若無法順其意,他會憤怒並且攻擊他人。對於遊戲基本的輪流、等待皆會表示不耐煩,若遊戲狀況對自己不利,會用其他理由放棄,例如他會說:「這桌遊盒子上面寫適合6歲以上,我5歲不能玩,我不玩了。」

小梁老師擔任小忠的家教老師以後,她掌握小忠的起點能力和特質如下:能主動參與、對遊戲熱忱度高與喜歡主導。她認為應該要先為小忠設定的學習目標為:(1) 了解何謂遊戲;(2) 了解何謂規則;(3) 了解為何遊戲需要規則;(4) 參與遊戲需要尊重他人與同理心。

小梁老師先選擇規則簡單的遊戲,像是《超級犀牛》、《醜娃娃》,目的是為了讓小忠知道何謂規則、為何需要規則。當強調要遵守規則時,小忠顯得非常抗拒。小梁老師會故意演出不守規則的行為,讓小忠了解到:「原來不遵守遊戲規則而

得分的人，實在很討厭！」由於小忠的認知功能尚佳，因此很快抓住「喔……原來我平常那麼令人討厭」的感覺，於是小忠開始了解到自己平時的行為是令人困擾的。在理解自己的不當行為後，他對於規則的接受度也提高許多。

接著，小梁老師開始選用規則更複雜的桌遊，如《磁石魔法迷宮》。從這些遊戲中，強化孩子對規則遊戲的習慣，並體認玩遊戲的公平性。這樣引導小忠遵守規則的課程，從開始到成效令家長滿意，約花 5 個月的時間（每週進行 2 次，每次 1 小時）。時間看似有點漫長，但家長卻不這麼認為，因為小忠之前的行為不僅困擾家人，也嚴重影響到他與幼兒園同儕的相處狀況。

面對與解決衝突

在桌遊活動中，衝突有兩種面向：遊戲內的衝突與遊戲外的衝突。遊戲內的衝突是指玩家間在遊戲中的競爭所造成的衝突。好比《Blokus》中，玩家針鋒相對，頻頻以方塊堵住對方的去路。這種衝突是合理的，因為沒有違背規則，遊戲准許這樣的玩法，因此我不認為需要加以阻止。如果情況真的太嚴重，引起其他孩子極大的情緒反應，造成遊戲無法進行，那教學者還是可以引導一下，提醒孩子們，獲勝的方式不在攻擊其他玩家，而是要專注

在自己的成就上。

其實歐式遊戲的直接衝突並不多，所以在遊戲內的衝突通常並不明顯。知名的德國遊戲設計師克萊默（Wolfgang Kramer）曾經表達他對遊戲的看法，他說：「玩家以建設性的動作增進個人的成果。他們不須做破壞的動作和摧毀其他玩家的遊玩。在我的遊戲中，玩家只有在為自己做出一個有利的動作時，才會傷害其他的玩家。但其實他的動作只是在幫助自己，並沒有傷害其他玩家的遊玩。」另一位知名的設計師倪睿南則直接表述他對衝突遊戲的厭惡：「我不喜歡血腥的遊戲，我想我們可以為遊戲的世界達成更好的使命，而非促使人們互相開火。」[9]

遊戲外的衝突是指非遊戲局內的對立，這在孩童的遊戲中經常出現。孩子們因為在遊戲過程中的不愉快，可能有人亂拿配件、動錯棋子、嘲笑他人、運氣不好、想要的東西被別人拿走、去路被擋住或輸了無法接受等等，各式各樣的理由都可能會引起孩子間的爭吵。進而發生遊戲外的衝突，像是彼此指責、抱怨、爭吵或推擠等。教學者應該放寬心面對這些事情，因為孩子玩遊戲有爭執是很正常的事情，他們可以從中學習如何面對與化解衝突。這時教學者可以先暫停遊戲來處理衝突，衝突解決後再回到遊戲。遊戲後，也可以針對方才的衝突進行討論，並與孩子一起找出下次改進的方法。

遊戲能提供一個安全保護的練習環境，孩子在其中能夠學習

未來生活所需的技能。所以不需害怕孩子玩桌遊時起衝突,因為面對與解決衝突正是一種社會技巧,這反而是練習社會技巧的好機會。有一款簡單又有趣的兒童遊戲《G同鴨搶》,可以讓孩子練習面對衝突,並透過談判來解決問題。在這款遊戲中,孩子需要透過討論來分配所獲得的飼料(分數),若有人不願接受分配的結果,那大家會丟骰子大打一架,贏的人拿走全部。由於每個人都沒有把握丟骰子一定會贏,所以孩子多半願意分配,只是怎麼分的問題。在這樣的趣味遊戲中,孩子可以嘗試運用不同的方式來解決問題,可以堅持自己,也可以讓步。在現實中的讓步會讓孩子感到忿忿不平,但遊戲中的讓步卻沒有這麼令人不悅,反而可以讓孩子練習妥協的能力。

自我探索

透過遊戲能幫助孩子認識自己與他人的優缺點。有些具有輔導功能的遊戲,能以趣味的方式帶領孩子探索自我,像是由韓國心理學博士金智英(Jiyoung Kim)設計的《換言一新》,作為帶領高年級孩子探索自我的遊戲就很實用。遊戲的每一張卡牌上,

---

9. Woods, S. (2012). *Eurogames: The Design, Culture and Play of Modern European Board Games*. McFarland.

正面是性格的弱項，而反面是強項。例如：「固執」的背面是「意志堅定」；「容易感到沉悶」的背面是「積極面對新事物」。此遊戲能帶領玩家從不同的角度來重新認識自己性格上的缺點，扭轉傳統上既定的負面形容詞。藉由這個遊戲，孩子可以發現有時候這些弱項其實才是引領自己成功的優勢。

　　遊戲中，先透過輪抽選擇六張符合自己弱項的牌開始，其中一張要故意選出非自己弱項的牌，也就是五真一假。然後玩家運用一些生活經驗來介紹其中三張弱項，可以故意選假的，也可以全部選真實的。說完以後，其他玩家要猜測剛才的敘述裡面是否全部都是真的。猜對的玩家會得到分數，計分後會有另一組規則，讓玩家巧妙地將牌翻面，從正向的角度重新審視自己所認為的弱項。這遊戲除了可以帶領認知能力較高的特殊孩子探索自我，許多輔導老師也會用於輔導活動中。

　　《實話實說》系列則是巧妙地將「周哈里窗」的理論做成了桌遊，可以帶著孩子認識自我意象，透過遊戲輕鬆體驗「自己對自己的印象」和「他人對自己的印象」有多大的差距，其高度的趣味性也常被成年玩家用在生活休閒與聯誼中。不過，此遊戲由於可能涉及到孩子的缺點或障礙，教學者使用時可以選擇裡面描述正向優點的牌組來使用，避免傷害到孩子的自尊。

　　當然，除了這些特定的遊戲，我們透過各式各樣的遊戲也會讓孩子發現自己的優弱勢，像是有的遊戲需要較多的空間感、記

憶力、反應速度、語言能力、動作能力等。當我們發現孩子在某些遊戲有優勢時，請不吝稱讚他們；而在某些遊戲中表現較差，只要孩子願意嘗試與遊玩，他們的努力與嘗試也值得誇獎。透過教學者與同儕的稱讚，孩子會得到成就感與滿足感，無形中便會建立起良好的自我印象。推薦的遊戲可參見第八章的「探索自我與認識他人」。

與他人分享經驗與喜好

有些孩子由於受限於認知或語言能力，在分享自己的經驗與喜好時有較多的限制，透過桌遊能讓孩子有機會分享喜歡的事物與經驗感受。有時則是因為壓力或較重的心理防禦，讓孩子很難將心中的感受分享出來。玩遊戲時，孩子容易卸下心防，此時較願意吐露出心中的話，而說出的話往往也是內心深處最直接的想法。

有些遊戲很適合當作孩子分享心情與事物的媒介，例如《我的情緒小怪獸》可以表達各種情緒的經驗、《獨家專輯》可以用來分享音樂、《說書人》可以分享心情或感受、《認清你的朋友》可以分享自己的生活經驗或對各種事物的喜好程度等。善用這些遊戲，除了讓孩子主動分享自己的想法，也能讓成人適時地了解孩子的經驗與喜好。推薦的遊戲可參見第八章的「探索自我與認識他人」。

案例：孩子藉由桌遊投射自己的心情

　　玩遊戲時，孩子常常會不自覺地揭露自己內心的想法，曾經和家中一位一年級的小男孩玩《說書人》，當時有爺爺、奶奶、筆者、內人與青青，其中某位成人出了個題目：「青青的白日夢」。關於一位小男孩的白日夢，每個人當然都打出手中最有趣、最歡樂的牌。

　　等出題人收集好牌，一張一張掀開的時候，我和內人看到一張牌，心中隱約覺得不妙，因為那張牌是一個小孩哭喪著臉坐在房間陰暗的角落。這時身為玩家的我就推敲，成人不可能故意出這種反向思考的牌，因為題目是孩子的白日夢。再來，《說書人》的牌再怎麼難選，應該也不會選這一張啊！所以，這一定是孩子自己選的了。平時看起來都很歡樂的青青，究竟怎麼了？

　　遊戲後，內人和長輩私下討論，也和青青單獨聊聊。原來，青青的父親與母親最近感情不睦，準備要離婚了，而青青不善表達自己複雜的情緒，但心中的感受卻毫無遮掩地透過遊戲反映出來，令人不得不訝異遊戲與孩子內心的連結是如此直接。

> **重點提示**
>
> 桌遊在增進與人互動的**社會技巧**上,有以下的重點:
> ・桌遊是社會性的遊戲,能增進人與人之間的互動。
> ・從觀察孩子玩桌遊,能認識孩子的個性,有助於建立關係。
> ・從玩桌遊中,能引導練習合適的說話態度、遵守團體規範、面對與解決衝突。
> ・有些桌遊可以幫助孩子自我探索,以及分享彼此的經驗與喜好。

強化學習所需的認知能力

玩桌遊是一系列問題解決的過程,過程中有各式各樣的挑戰。孩子玩遊戲時會運用到多種認知技能,像是注意力的使用、分析不同選擇的結果、從經驗中尋找訣竅、使用記憶策略、推敲隱藏的資訊、空間規畫或管理手牌等。或是運用到後設認知的技能,如自我調整、監控自己的動作、評估行動的影響等。其實桌遊之於運動競賽,可以說是一種智力的、靜態的遊戲,在遊戲中會需要許多不同的認知能力共同運作,因此透過桌遊來訓練大腦其實是一種很好的方法。

顏色與形狀的配對

　　學習簡單的配對是玩桌遊的基礎，2 至 3 歲的幼兒桌遊多以此作為主要玩法。《第一個果園》、《蹦蹦兔》、《小小釣魚手》、《矮人骰子樂》等幼兒遊戲，大致玩法都是以骰子丟出某個顏色後，玩家去拿取對應顏色的配件，然後將之放置於指定位置。由於年紀小的孩子還無法玩太複雜的遊戲，如此簡單的規則正好符合他們的需求。所以藉由配對、輪流、丟骰子、找東西，就足以讓小小孩歡樂不斷了。對特殊需求的孩子來說，若年紀較小、認知能力較弱或遊戲經驗較少，這類配對遊戲就很適合，像是有些集中式特教班的老師會為孩子們準備這類玩法的遊戲。

注意力的集中與持續

　　注意力是人類學習的基礎，孩子能否將注意力聚焦於當下的活動上，和學習成效頗有關聯。簡單地說，如果不專心，學習就很難有成效。此外，注意力的持續性也很重要，有些孩子雖然能將注意力聚焦，但很快就渙散分心了，這樣也會影響學習。特殊孩子常在注意力的運用上有困難，因此特教老師經常運用各種方法抓住學生的注意力，桌遊就是老師常用的工具之一。桌遊好玩、有趣，所以能引起孩子的興趣，有了興趣以後，要專注在活動上就比較容易。

案例：瑋婷老師帶資源班學生玩《卡卡頌》改善注意力[10]

瑋婷老師在資源班任教，資源班的孩子平常就讀於普通班，有些特定課程會抽離到她的教室中。課堂中通常會有 3 至 5 名孩子。她將《卡卡頌》結合到課程中，訓練孩子的專注力。她帶著 3 位中年級的孩子玩《卡卡頌》，這些孩子都有過動／衝動的特質。

在為期 2 個月左右的教學活動中，瑋婷老師每次都會先和孩子討論平常進行遊戲時需遵守的規範，並引導學生說出遊戲時需輪流等待他人進行活動、專心玩遊戲，達成這兩個目標後，才開始進行遊戲。孩子玩遊戲時都表現得相當專注投入，有將近 70% 至 80% 的時間能維持專注，且隨著遊玩次數的增加也有進步的趨勢。

在教學活動的期程結束後，瑋婷老師與其中一位孩子的普通班導師訪談中，得知孩子以往較為衝動，現在懂得輪流等待。之前在普通班中的遊戲總是會想要更改規則，但現在都能遵守既定的規則一起玩。在從事活動時，也變得更能夠專注，不太容易受到別組的干擾。

---

10. 陳瑋婷、陳佩玉、洪榮照、陳介宇（2020）。桌上遊戲結合社會技巧教學提升國小 ADHD 兒童社會適應之成效。特殊教育季刊，154，27-39。

集中性注意力（focused attention）是指個體將注意力聚焦在單一任務上的能力，通常教師用來訓練此種注意力的桌遊多具有「競速配對」和「圖案辨識」的機制。競速配對通常是指翻開一張牌時，此牌上會有一個資訊，然後玩家同時間進行，看誰最快先找到與該資訊相符的東西。這種玩法會讓孩子感到刺激緊張，為了爭取速度，他們會很專心。

　　而圖案辨識則是要玩家找出符合規則的一組東西，像是符號、數字、顏色等。為了發現這樣的組型，孩子的眼睛必須快速掃描桌面上的資訊，腦袋也要快速思考這些圖案是否符合組型的規則，需要視知覺、歸納、區辨能力的共同使用。此外，另一類常用於練習集中性注意力的遊戲為需要操作的遊戲，透過操作物件，讓孩子手腦並用，也有助於避免孩子分心。推薦使用的遊戲可參見第八章中的「集中性注意力」。

　　持續性注意力（sustained attention）的訓練與集中性注意力使用的遊戲大相逕庭，因為玩競速配對的遊戲時通常會處於緊張的狀態，玩幾場後就會感到疲累，無法持續太久；或是刺激感會令學生處於亢奮的狀態，對於需要靜下心來持續注意某事物的幫助不大，可能還會有反效果。培養持續性注意力，可以找遊玩時間較長的遊戲，約 15 至 30 分鐘一盤，並需要運用許多思考能力的遊戲，如《卡卡頌》、《鐵道任務》、《Blokus》、《追隨達爾文》、《築夢頌》等。這些遊戲的思考層面較廣，像是涉及計算、

規畫、空間與分析等，遊戲步驟也相對較多。

　　這類遊戲的樂趣也與競速類的遊戲不同，競速類遊戲的樂趣是強烈而及時，這些需要思考的遊戲則是從完成一件件的小任務獲取分數後，得到一種累積的成就感與滿足感。不過，孩子學習這些遊戲需要一點時間，帶孩子遊玩時可能會需要多些耐心。建議先從簡單的遊戲嘗試，低年級的學生可以從標注「5+」的遊戲開始，發現過難或過易則可以改選其他遊戲或進行規則調整。通常認知能力為一般發展的情況下，多玩幾次應能理解這些遊戲。關於持續性注意力的練習，可參見第八章的「持續性注意力」。

記憶力

　　人類的大腦因為有強大的記憶力，學習的成果才能累積，它能將已學習的事物作為基石，持續吸收並疊加新的資訊到腦中。記憶也是教育心理學家布魯姆（Benjamin Bloom）所提出認知六個層次中最基礎的一層。而有些孩子的記憶力較弱，透過桌遊可以多多刺激孩子練習記憶的技巧，由於記憶類遊戲數量頗多，所以有相當豐富多元的選項。簡單的像是給 3 歲孩子相當簡單的《魚樂無窮》，到較為複雜給 6 歲以上孩子的《龍的寶物》、《獅子剪髮大冒險》，選用前可比較其中的差異，挑出符合孩子起點能力的遊戲。

　　合作類的記憶遊戲要透過玩家間的合作，共同記憶遊戲中的

資訊。因此記憶力弱的孩子可以在同儕的支持下充分參與遊戲，他們只需要分配幾件小任務來記，就可以和其他孩子一樣遊玩，如此也能減少記不住所帶來的挫折感，像是《魔法照路》、《獅子剪髮大冒險》、《抓鬼大隊》都是這類遊戲。

競爭型的記憶遊戲則是每個人發揮自己的記憶力來競爭，誰能記憶的越多，就越有機會獲得勝利，如《龍的寶物》、《拔毛運動會》、《滿腦子番茄》等。而《龍的寶物》除了記憶，還有「賭運氣」的機制，就像「十點半」一樣，孩子可以選擇停手或是繼續翻看其他寶藏，所以除了記憶力的運用，也有承擔風險的思維。這類遊戲的推薦可參見第八章的「記憶力」。

案例：小璇老師運用《拔毛運動會》引導記憶策略

資源班的小璇老師有 4 個就讀一年級的學生，他們的能力差異很大，分別有重度腦性麻痺、中度自閉症、輕度自閉症，以及一名疑似身心障礙生。這 4 個孩子都有注意力及衝動控制不佳的情形。小璇老師選用記憶力遊戲《拔毛運動會》，因其規則簡單，清楚明確的回合次序可以讓這些不同能力的孩子都有參與的機會。木製小雞的手感提供豐富的觸覺刺激，可以自由裝飾的羽毛則十分吸引孩子的注意力。

遊戲進行時，孩子每翻一張圖卡，小璇老師就邀請孩子

> 嘗試描述圖片中的特色與位置，比如：一束五顏六色的花在中間；鳥巢裡的雞蛋被打破，所以會變成旁邊的荷包蛋；另一邊孵出小雞……透過語言的描述，來加深對圖卡與位置的印象。這個過程中，孩子翻牌時針對圖卡的觀察與連結，成為記憶力遊戲中最有力的提醒。如果有人想不起來，其他記得線索的孩子也會很積極地分享關鍵詞，為原本的競爭關係增添不少合作的氛圍，提供孩子另一個表現的舞臺。在這樣的活動安排中，小璇老師引導孩子練習記憶策略，並提供一個同儕高度互動與支持的遊戲環境。

空間概念

　　空間概念是認知發展中相當重要的部分，不僅被教育心理學家加德納（Howard Gardner）列為多元智能中的一項，也是各式智力測驗的項目之一。空間概念由位置、方向、距離、形狀、線條及彼此之間關係等要素組成，可以讓我們了解物件的位置、該物件與周圍環境的相對位置、物件移動時的位置變化、物件方位改變時的推測想像等。推薦的遊戲可參見第八章的「空間概念」。

　　可以用來訓練空間概念的遊戲為數不少，從單人到多人、從幼兒到成人、從平面到立體等。比之其他類型的能力，此類遊戲有著琳瑯滿目的選項。在玩這些空間概念的桌遊時，孩子會需要

動手嘗試各種方位或角度的組合，是極佳的手、眼、腦同時運作的遊戲類型。空間類型的桌遊依據其基礎原則的差異，可做以下4種分類。

• 將配件排入指定形狀框架中

玩家要將各種形狀的配件完美排放在框架之中，不能超出指定範圍，也不能留下空格。例如：《烏邦果》、《烏邦果3D家庭版》、《烏邦果3D兒童版》、《機智新星》、《機智寶石》。這類遊戲都很適合孩子使用，而且學習上不會花很多時間。像是《烏邦果3D兒童版》就很適合6歲以下的兒童，在基本的範圍內以方塊填滿後，將剩餘的積木往上堆疊，最後用一個長頸鹿尺做測量，來決定獲得的分數，相當有趣。

• 使用配件完成指定圖案

玩家會先看到一張題目卡，然後要操作配件排出指定圖案，此與七巧板中的「依圖成形」或「見影排形」類似。例如：《Smart Car》從一張玩具貨車的側面圖卡看到積木的色塊分布，來推測全部積木正確的立體擺放方式。《三人成築》則是一款很有特色的合作型空間遊戲，它需要一名玩家看題目卡，然後在無法說話的情況下，運用手勢告知第二個玩家。第二個玩家看完手勢後，以口說的方式告訴第三位玩家。第三位玩家矇住眼睛，只能以聽指令

的方式來排出正確形狀。《摺足先登》是以摺疊布的方式，將一張雙面都有圖案的布，折出指定圖案上的物件，並將不需要的圖片折到布中，是個很有創意但具挑戰性的遊戲。

・路徑規畫

玩家透過視覺、移動配件或拼放板塊等方式，在遊戲版面上做路徑的規畫。有時是要將配件走到指定位置上；有時是透過路徑將某些特定物件連結起來。例如：傳統的遊戲《華容道》就是透過移動配件後，嘗試將曹操走出遊戲圖版外，而市面上常見的《塞車時刻》也是這種玩法。《碰撞機器人》需要玩家同時運用視覺與分析來思考如何在遊戲版面上行走，才能讓機器人以最少步數走到終點。《思路》則是運用數片板塊來做組合，讓庭園中的路徑滿足遊戲題本中所指定的條件。《太空大冒險》中，玩家要出牌規畫路徑去採集生物樣本。《蟑螂捕手》中，玩家要為會自動遊走的電子蟑螂安排走出迷宮的路徑。《磁石魔法迷宮》則是在遊戲中有一個迷宮，而迷宮的真實樣貌是隱藏的，玩家在不斷嘗試後逐漸了解並記住迷宮的樣貌，以利規畫路徑找到寶物。

・空間方位的綜合思考

遊戲本身並非全以空間概念為主，但也涉及空間上的思考。配件擺放的方向與位置很重要，攸關玩家的得分高低或遊戲之後

的發展，玩家在進行時，常需要思考方向與位置的問題。例如：《卡卡頌》、《Blokus》、《數字九乘塔》、《拼布對決》、《尋龍多米諾》、《叢林智慧棋》。

簡單算數

在許多桌遊中都會用到基本的算術能力，舉凡丟骰子走格子、撲克牌的數字、計算遊戲中的分數、紙牌的數量等。因此對於低齡或數學有困難的孩子而言，玩桌遊可以提供許多練習算術的機會。專用於數學的桌遊有其市場需求，因此許多教育出版社也紛紛設計相關的遊戲以供教學者使用。然而使用桌遊時，還是得留意一下遊戲的趣味性，趣味性高才能夠吸引孩子。如果遊戲不好玩，其實也僅是一種不同形式的教具而已，難以激起孩子的學習動機。推薦幾款趣味的數學桌遊，請參見第八章的「數學」。

演繹推理

演繹推理是透過已知的資訊來導出結論，是日常生活中常用以解決問題的能力之一。有許多桌遊可以訓練這樣的能力，遊戲中會給玩家少部分資訊，或是玩家要自己探索資訊，獲得更多線索後，把可能的答案漸漸縮減到最小範圍，最後找出正確答案。這類遊戲，我們稱之為推理遊戲（deduction games）。讓孩子玩這類遊戲，可以練習推敲事物之間的關係，培養解決問題的能

力、觀察力與聯想力。

桌遊中的推理遊戲型態很多元，難度也有所差異。如果是幼兒或低年級孩子，可以嘗試看看有趣又容易懂的遊戲《狐作非為》，孩子在遊戲中扮演小雞偵探，要去找出偷走派的狐狸，但狐狸很多隻，究竟是誰呢？遊戲利用擲骰進行，孩子會認識越來越多隻狐狸，也會從線索中知道狐狸身上是否穿有特定的衣著打扮。線索會一點一點地排除，最後要在時限內找出答案。遊戲中有個巧妙的設計，有個小機關可以在孩子找到線索時，去比對嫌犯是否穿有特定的打扮，使用這個小機關時，不論成人或孩子都會感到很新奇。

對於稍大的孩子，可以嘗試看看《神探諾斯》，透過選骰子來暗示其他人答案的小遊戲，進行方式容易且快速。由於推理遊戲運用的認知能力較為複雜，使用時還是要了解孩子的起點能力與遊戲難度是否相符，不然孩子可能會感受不到其中樂趣。推薦的遊戲可參見第八章的「演繹推理」。

分析利害得失

玩桌遊是一種問題解決的歷程，但有時候玩遊戲就像人生一樣，面對遭遇到的問題，不一定會有最佳解法，因此往往會需要分析評估哪種選擇最好。像是《印加寶藏》這款遊戲，玩家常會面臨兩難問題。每一回合，玩家都要決定是否繼續冒險，不繼續

冒險的玩家可以「見好就收」，保留已獲得的分數；決定繼續冒險則是「富貴險中求」，但也可能一無所有。在兩難的狀況下，孩子可以練習分析遊戲中的風險與利益。在歷經考量後，讓孩子自己做決定。不論分析是否正確，孩子會得到一個相應的遊戲結果。這些結果是好是壞、孩子喜不喜歡，都會成為選擇行為後的正／負增強。

許多遊戲都需要孩子去動動腦分析利害得失，對認知思考很有幫助。若孩子不太會進行這樣的分析，建議可以多玩幾次，等孩子精熟後，成人再行引導。自行探索遊戲的策略是一種樂趣，也是一種成就感，教學者應盡可能不要剝奪孩子的樂趣與成就感。

自我監控的後設認知能力

有些過動／衝動的孩子常會在步驟較多的遊戲中，因為很急切想要做自己想做的事情，而搶先動作或是忽略規則，難以跟著遊戲流程玩，導致頻頻玩錯。要玩稍微複雜且步驟較多的遊戲時，人們需要有自我監控的能力，也就是一種後設認知的能力，去了解自己當下正在進行遊戲中的什麼動作，然後監控自己將動作正確執行，並同時思考剛剛那個動作是否有達到自己想要的目標。

對於自我監控能力較弱的孩子，教學者可以把遊戲流程印出來，或提供視覺化圖解的線索讓孩子依循；也可以指導孩子先藉

由放聲思考，來幫助自己確認遊戲中的動作是否正確，比如《卡卡頌》中，讓孩子邊做動作邊說出：「抽一張牌拼上去，再來放米寶。檢查地圖，若有完成圖案就把米寶收回計分。」透過放聲思考，孩子可以漸漸內化遊戲流程與玩法，同時也能確認自己是否正確進行遊戲。培養自我監控的能力，對於玩遊戲是很重要的，具備這樣的能力，孩子就有機會可以學會更多的桌遊，同時在生活上也比較能監控自己進行多步驟的任務。

> **重點提示**
>
> 桌遊在強化學習所需的**認知能力**上，有以下的重點：
> - 玩桌遊是問題解決的歷程，過程中會運用到多種不同的認知技能。
> - 顏色與形狀的配對是玩桌遊的基礎，常出現在幼兒遊戲中。
> - 練習集中性注意力與持續性注意力使用的遊戲有所不同。
> - 選擇特定的遊戲可以練習記憶力、空間概念、算數、演繹推理。
> - 桌遊中所面臨的問題不一定有最佳解，能從中學習分析利害得失。
> - 練習如何自我監控，以確保遊戲正確進行，有助於學習更多桌遊。

訓練日常生活的溝通能力

　　玩桌遊會形成一個自然的溝通情境，與刻意營造的練習情境有所不同。在這樣的情境下，因為玩樂而生的趣味性成為孩子的增強誘因，所以溝通的需求與意圖會自然地發生，像是使用口語表達自己想要的東西，傾聽他人的話語，或以眼神和手勢表達交換物件的需求等。因此，在遊戲中可以培養理解與表達的溝通技能，練習有效的溝通方式以促進人際互動，諸如：訊息理解、訊息表達、使用正確的語法與句型、對話輪替、話題開啟、話題維持、交談修補與敘事技巧等。

　　在選擇練習溝通能力的桌遊時，盡量不要選擇會令孩子忙於自己操作，而無暇與他人互動的遊戲，例如玩《快手疊杯》時，孩子看到翻開的目標牌後，就會專注地排杯子，完成後按鈴得分，接著又進行一樣的流程，如此反覆下來，孩子之間的互動機會其實並不多。反之，有機會讓孩子坐下來彼此交流的遊戲都可以練習理解與表達，像是《大富翁》、《跳棋》、《UNO》等常見的遊戲中，玩家會有很多口語和非口語的互動機會。

　　若覺得一般桌遊還不能夠滿足溝通能力的訓練需求，那建議可以找一些需要用到大量口語的桌遊。約有三類桌遊需要用到許多口語溝通，第一類是具有說故事（storytelling）機制，如：《故事製造所》、《故事骰》、《故事線》、《從前從前》、《尋夢

旅程》、《妙語說書人》。第二類則是有談判（negotiation）或交易（trading）機制的遊戲，如：《G同鴨搶》、《阿瓦隆》、《卡坦島》、《幕後交易》、《種豆》。第三類是被歸類為派對遊戲類（party game）的遊戲，這類遊戲的特色為社會互動多，時間短、步驟與規則都很簡單，並可容納許多玩家，如：《截碼戰》、《機密代號》、《天生絕配》、《腦洞量表》、《德國蟑螂》之類的。在這些遊戲中，用到口語的機會將大為增加。

然而，有些遊戲若不開口說話，會難以進行，當孩子口語能力還太弱、溝通意圖不高，或是還無法應付強度較高的社會互動，那建議先不要選擇需要大量口語表達的遊戲，可能會操之過急。有時候，僅僅是能坐下來與其他人輪流進行遊戲，對孩子來說就是很大的進步了。以下將桌遊可運用於溝通能力的訓練分別做解釋。

訊息理解

桌遊是一種面對面玩的社會性遊戲，在玩桌遊時，我們會接收到許多口語和非口語的溝通訊息。口語訊息是指聲音、單字、詞彙、句子、說話內容等；非口語訊息像是：眼神、動作、手勢、表情等。在玩遊戲時，可以引導孩子去覺察、分辨這些溝通訊息，請孩子專注於說話者的聲音、唇型、動作手勢或表情。如果孩子對於這些訊息的解讀有困難，可以針對這些困難進行教學

後，再透過桌遊的情境來練習。

開始玩以前，教學者通常會先講解規則，我們需要注意孩子的聽覺記憶廣度，當孩子無法一次聆聽太長的句子，就需要根據孩子的能力調整講解時使用的句子長度。除了聽覺記憶，有時理解狀況不佳可能是來自於注意力的問題，注意力集中或轉換不佳時，也常會無法完整接收訊息。

訊息表達

遊戲的趣味會吸引人投入其中，孩子在遊戲中便自然產生了表達的動機。有些孩子平時不太喜歡開口，剛開始可以透過僅需表達簡短詞彙的遊戲讓孩子開口，如《妙傳爆趣》、《滿腦子番茄》。當孩子因為玩桌遊而說出某些話語後，教學者可以幫助孩子將話語延伸，為孩子增加更多的語詞或訊息，然後再讓孩子進行仿說練習。久而久之，可以讓孩子的語言更豐富與清晰。

遊戲裡有很多情境可以練習訊息的表達，像是玩《大富翁》時，孩子也會因為支付／收取過路費、銀行找錢、翻機會／命運卡等事，而跟其他玩家有對話交流。善用這些情境，引導孩子使用社會期待下的「適當」表達方式是很重要的。例如以正確的語法說出完整的句子；運用適當的語速、音調、音量來說話；說話時眼睛看對方；說話前要引起對方注意等。

語法與句型

人們平時溝通說話時,會將許多詞彙組成一個句子,而語法就是句子組織和詞彙排序的規則。一般來說,孩子學習母語時,會自然而然地習得它的語法規則。但對於有些孩子來說,使用正確的語法和句型需要額外的練習。常用的語法句型像是直述句(小花丟骰子、小沐出牌)、否定句(我不要選這張、你沒有綠色棋子)、疑問句(我什麼時候可以出這張牌?我可以玩嗎?)、複合句(以連接詞連接兩個句子,像是:和、因為、所以、要是、假如等)。

在玩桌遊時,可以練習許多不同的語法句型,桌遊扮演一個練習說話的媒介,營造出一個需要說話表達的情境。而教學者則是將要練習的句型安排到遊戲之中。教學者先決定孩子所需練習的句型,在桌遊開始前,先以直接教學的方式教導孩子這些句型的用法與使用時機,然後在遊戲中引導孩子正確地使用該句型並矯正錯誤。例如:選擇交易類的遊戲《卡坦島》,玩家在遊戲中需要互相交換手牌,因此常常會說出這樣的句型:

「我有一隻○○,請問誰有××?」

「一隻○○換一個××,可以嗎?」

或是像幼兒合作遊戲《神奇小馬》中,要收集三隻小馬才能打出來,這時我們會問同伴:「請問誰有黃色的小馬?」

遊戲過程裡會反覆出現這些句子,孩子能在遊戲中持續練

習,這也正是前述遊戲亮點的「重複性」。透過桌遊中的練習,孩子能學習正確的表達方式,也能學習正確使用的時機與情境。

案例:利用重複出現的情境來練習句型

阿心老師是一位專門教導聽損生的教師,她發現學生在口語表達方面的句型使用能力有待加強。為了幫助學生提高句型表達的能力,她思考了各種方法。在觀察到桌遊具有結構化規則與重複練習的特性後,阿心老師靈機一動,決定將條件型和假設型句子的應用融入桌遊中。例如:當孩子玩起《閃靈快手》時,她會使用「只有……才」、「如果……就」等句型來解釋遊戲規則。

在整個遊戲過程中,阿心老師反覆強調類似的句型:

「**只有**當卡片上的老鼠顏色與桌上老鼠的顏色相同**才**能抓,卡片上是紅色的老鼠就不能抓。」

「**如果**卡片上的顏色和圖案都錯誤,**就**必須抓完全沒有出現過的圖案和顏色。」

經過幾輪遊戲後,當學生抓住桌上的配件時,阿心老師會藉機提問像這樣的問題:

「為什麼不能抓這隻老鼠呢?」

「什麼時候才可以抓這本書呢?」

> 一開始學生們無法正確地回答,但透過玩遊戲的親身經驗,他們稍經思考與引導後,漸漸能夠清楚地回答:
> 「因為**只有**灰色的老鼠**才**能抓,這張牌上是藍色的老鼠。」
> 「**如果**卡片上的東西都是錯的,**就**要抓這本藍色的書。」

對話輪替

溝通交談的形式,就是訊息的傳遞與接收,這樣一來一往的輪替正是我們每天日常生活中對話的基本型態。孩子的交談輪替技能會隨著年紀成長而增強,也會變得更加複雜與細膩,進而達到溝通的目的。然而對於有些孩子而言,這種一來一往的輪替對話特別困難,例如輕度自閉症的孩子可能會表達自己的想法,但在接話或回話時顯得不太擅長,或是無法考量情境而導致回話的內容相當突兀。所以透過桌遊為自閉症孩子練習對話輪替時,經常設定的目標就是「判斷適合發言的時機點」,以及「什麼時候要換其他人發言,不要自己一直說」。

對話輪替的練習,首先孩子要學習專心聆聽,然後根據內容或情境適切地回答,形成對話的往來。遊戲中的情境,舉例來說,像是玩《抓鬼大隊》時,教學者可以藉由問題來和孩子進行對話輪替的訓練。

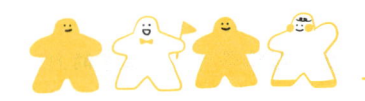

教學者：「小晴，你想要找什麼顏色的鬼？」
小晴：「我想要找綠色的鬼。」
教學者：「你還記得綠色在哪邊嗎？」
小晴：「我覺得……好像在這邊？」
教學者：「那你要不要翻起來看看？」
小晴：「我怕翻錯，不太確定。」
教學者：「沒關係，翻錯的話，我們下次一起記住它。」
小晴：「那我試試看。」

在玩桌遊時，若孩子間的對話比較少，教學者可以主動透過不同形式的提醒，來促進孩子的對話輪替練習，如口頭／肢體／眼神／停頓／模仿等方式。教學者也應留意孩子的對話回應是否在情境中，如果沒有，則將其話題拉回遊戲情境內。以下介紹不同的輪替提示方式。

・口頭提示
可以再次敘述先前的問句，提示孩子做出適切的回話，如：
剛才老師問你：「還記得綠色在哪邊嗎？」
那你要說什麼？

・肢體提示

以肢體動作或表情，來提示孩子注意對話的情境，使對話輪替發生，例如老師先說：「你還記得綠色在哪邊嗎？」然後手指向遊戲，臉上做出疑惑的表情，看著孩子，以等待他的回應。

・眼神／停頓提示

有時孩子反應比較慢，需要一點時間來理解教學者的問題，這時教學者可以停頓數秒鐘，眼睛看著孩子，讓孩子知道現在是他的口頭回應時間。

・模仿提示

如果孩子無法做回應，教學者可以先講出正確的回應方式：「這張是紅色的。」然後要求孩子將一樣的對話仿說一遍。

話題開啟

人們的交談通常會圍繞在一個主題上，而在玩桌遊時，交談的主題很自然地就與遊戲有關。在玩桌遊時，人們會開啟什麼樣的話題呢？舉例來說：玩《卡坦島》時會想要詢問別人是否有某項資源想要交換；玩《卡卡頌》時會和別人提出合作的建議；玩《說書人》時會想要問出題者選某張牌的原因；玩《G同鴨搶》時會和其他玩家討論如何分配飼料比較公平，等等。

開啟話題的行為,要先判斷表達的時機點(當下話語權是輪到誰、是否適合說話等),接著才吸引溝通對象注意,再來才說出想要表達的訊息。教學者可以透過前述各種提示的方式(口頭、肢體、眼神等),來引導孩子開啟對話。

　　例如玩《卡坦島兒童版》時,教學者可以提醒孩子說:「如果你想要一個鳳梨,那可以跟大家怎麼說呢?」或是教學者手指著鳳梨的配件,說:「你是不是想要這個東西?那要怎麼說?」

　　引導孩子開啟話題時,如果孩子在遊戲中並沒有動機想要做某些事情,而教學者強迫孩子說話,這樣就違背了玩遊戲的「自主性」。

　　運用桌遊來引起孩子說話的動機時,主要是倚賴它的趣味性來促進孩子在遊戲中的表達。如果孩子無法發現遊戲的好玩之處,這個過程就會變成一種「執行指令」的活動,不僅成效低,孩子也不快樂。在孩子專心投入遊戲以前,可以先將重點放在引導孩子發現遊戲的趣味性,不急著引導進行口語練習,等孩子覺得好玩以後,再開始發揮桌遊練習口語的功用。

話題維持

　　當人們在一個話題下的交談持續一段時間,就可稱之為話題維持。話題維持的能力對於孩子的社會性發展很重要,因為能持續與人進行交流,才能在人際關係上有進一步發展。

而依照桌遊的屬性，有些簡短的桌遊能夠帶來快速的對話輪替，或是激起孩子開啟話題，例如常見的各種小遊戲《卡卡頌兒童版》、《我是牛頭王》、《髒小豬》等。也有些遊戲需要長時間專注遊玩，而孩子會在同一個主題下不斷地進行討論，例如有些需要大量討論的派對陣營遊戲《阿瓦隆》、《狼人殺》等。或是像策略遊戲《波多黎各》、《農家樂》等，也會讓孩子在同一個遊戲話題下持續交談。

因此，將「話題維持」作為教育介入的目標時，教學者最好預先試玩，了解孩子在玩該遊戲時會出現什麼樣的話題，以免在使用時出現不合該遊戲情境的過度期待。

交談修補

交談修補是人們交談中很重要的能力之一。對話時，偶爾會出現訊息來往不清楚的情況，比如聽者不知道說者的意思，然後聽者向說者要求解釋，於是說者調整自己的話語後，將事情說清楚，這就是交談修補。此外，說者需要具備「換位思考」的能力，否則當他發現對方聽不懂時，容易原話再說一次，但對方還是無法理解。

簡單地說，就是把說不清楚的話語加以澄清。透過以下數種方式可以達到交談修補的功效：重新再說一次、替換詞彙、增加更豐富的訊息、解釋定義或提供背景資訊等方式。這種溝通的技

能在生活中很重要,因為事情說不清楚就容易造成許多誤會,而誤會可能會損害人際關係、學習與工作等。

玩桌遊能為孩子提供大量交談修補的練習機會,尤其是解釋桌遊規則的時候。我們常會遇到孩子不知道為什麼對方不理解他說的話,這時教學者可以協助將因果關係解釋清楚,將有助於孩子修正話語。例如:當小元跟小碩講解遊戲規則時,小元講得不太清楚,教學者就可以提醒小元說:

「因為小碩剛剛在看別的地方沒聽清楚,你可以再說一次嗎?」

「因為你剛剛說到○○○,這樣小碩可能會以為是○○○,你要不要換個方法再說一次,這樣他才可以懂?」

讓小元有機會做澄清,進行交談的修補。

這種解釋自己交談語句的練習,可以讓說話者學習如何把話說得更清楚。

除了規則解釋的情境,遊戲中也會需要很多交談對話,都充滿著練習交談修補的機會,如前述《卡坦島兒童版》的交易、合作遊戲中的協調與討論、派對遊戲中的溝通等,當教學者察覺到這些時機,便可以引導孩子進行練習。

敘事能力

敘事能力是要將許多句子做有意義的連貫,使其能做有組織

的安排，進而傳達一件完整的事情。敘事能力也可以說是一種說故事的能力，而桌遊中正巧有一種遊戲機制就是「說故事」（詳見第七章），運用這種機制的遊戲頗多，玩法也各有差異。

較簡單的敘事遊戲如《故事骰》、《故事線》，相當容易上手。若孩子比較喜歡童話故事的主題，可以試試看《從前從前》，不過此遊戲的說故事方式較為開放，教學者可以將規則稍微簡化或結構化。

若要學習有結構的說故事方式，並且帶有起承轉合的架構，那可以考慮《故事製造所》，遊戲中為玩家設定故事的六個階段：目標、阻礙、突圍、挫敗、轉折與結局，透過特別的投票機制，讓孩子分別說故事後，票選出最喜歡的故事，並以票選出的故事繼續發展，最後能讓孩子們共同編出一個有趣的故事。推薦的遊戲可參見第八章的「敘事能力」。

案例：《故事製造所》的敘事練習課程[11]

楠淇老師任教於國小資源班，她為班上 3 位學生規畫一組為期 5 週的敘事能力課程。這 3 個孩子分別被鑑定有情緒行為障礙（ADHD）與自閉症，平時描述事物的語句都很簡

---

11. 林楠淇（2024）。運用桌遊《故事製造所》提升資源班學生敘事能力之成效（碩士論文）。國立臺北教育大學。

> 短且不太清楚，因此老師希望透過《故事製造所》來改善他們的情況。
>
> 　　在這 5 週中，每次進行 40 分鐘的遊戲，除了規則與增強制度的講解，並無其他教學。在每次遊戲後，老師會讓孩子做一個小測驗，孩子在這測驗中也像是玩遊戲一般，可以運用卡片自由敘說故事。結果發現，每個孩子在這段時間的練習下，敘述的總字量增加，他們可以把故事說得更長且更詳細；而敘事的結構品質（如故事中包含有情境、主角、主要問題、事情經過、故事結局等）也有明顯的進步。

　　若《故事骰》、《故事製造所》這些遊戲的敘事方式太過於困難，不適合孩子現有的能力時，教學者也可以利用桌遊原本的故事來練習敘事。

　　如《龍之吐息》的背景故事是每個玩家扮演一隻小龍，然後每回合要出動龍爸爸來噴火，把冰柱融化（移除冰環），讓寶石掉出來。教學者可以要求孩子每次移除冰環時，都要敘述一次背景故事，例如：「我是綠色小龍，我要請龍爸爸來噴火囉！掉到洞裡的寶石是龍爸爸的，掉在外面的是我的。」

　　這樣的背景故事可以重複很多次，反覆地聆聽與練習可以精熟更多的詞彙，將故事說得更完整。

案例：用《估估劃劃》來練習溝通能力

小汶是資源班的老師。在她的四年級課堂中有 5 位學生，這些學生都有溝通表達、注意力與衝動的問題。當他們在分享日常生活事件時，常會出現想講話的人說不清楚，而聽的人興趣缺缺的狀況。小汶老師看在眼裡，覺得好氣又好笑，明明是一群活潑愛說話的孩子，聊起天來卻像是收不到頻率的電臺，溝通成效甚是不佳。

於是小汶老師選用《估估劃劃》這款桌遊，作為學生練習溝通能力的課程活動。在這款遊戲中，出題的學生要描述牌卡中的詞彙，但不能用到該詞彙中的任何一字。例如答案詞彙是「卡車」，出題者就可以說有 4 個輪子、載很多貨且很大臺。其他猜題的學生就可以根據他給的線索猜測，先猜到「卡車」就可以得分，猜的次數不限，但有時間的限制。

在遊戲中，出題的學生要先練習將要說的話表達清楚，並依據其他學生的錯誤答案或提出的問題中，修正自己的提示。這正好是小汶希望學生們改善的地方，同時也是溝通技能中很重要的「交談修補」能力，當話講不清楚時，透過修補來澄清自己的意思。

對於出題的學生來說，他可以從用途、特徵、出現的時候、生活經驗、相似物件、五感經驗等多種面向進行描述，這是對「語意網絡」掌握的練習。猜題的學生因為想要在遊戲中獲勝，所以專心聽出題者的描述，才能獲得有用的線索，

這也是小汶想要改善孩子溝通的另一個面向。

　　經過一學期的遊玩與指導（無法描述清楚的字詞，老師於遊戲後會示範如何講才清楚），小汶發現學生越來越能善用對話技巧，當其他人聽不懂自己所表達的事情時，學生開始會以不同的角度和比喻來說明，並能察覺對方是否能聽懂自己的話。若是不懂時，他們也會盡量改用彼此間的共同經驗來解釋。

重點提示

桌遊在訓練日常生活的**溝通能力**上，有以下的重點：

- 玩桌遊會形成自然的溝通情境，孩子會因趣味性而產生溝通需求與意圖。
- 練習溝通能力，應該選擇讓孩子有所互動的桌遊，但強度上要拿捏，不要操之過急。
- 透過桌遊可以練習訊息理解與表達。
- 教學者可將要練習的語法句型融入遊戲，在整場遊戲中不斷使用。
- 遊戲過程中可以練習對話輪替、話題開啟、話題維持與交談修補。
- 敘事能力的訓練可使用「說故事」機制的桌遊；較低齡的孩子可以使用既有的背景故事做練習。

培養適應環境的情緒能力

孩子的成長中，情緒扮演一個很重要的角色。能清楚說出內心的感受、能理解他人的感覺、能從混亂的情緒平靜下來或能調節自己負面感受等，都是個體適應環境的重要情緒能力。情緒能力發展完備，能幫助一個孩子未來成功地適應學校、工作與生活。

在玩桌遊的過程中，會因為各種遊戲情境而產生多樣化的情緒，比如：與家人玩時的親密感與安全感、有趣的遊戲帶來的歡樂感、反應遊戲帶來的刺激感、推理遊戲帶來的懸疑感、遊戲勝負所帶來的滿足感或失落感等。因此，桌遊如同孩子情緒的練兵場，在這裡可以經驗各式各樣的情緒，也可以練習處理各種情緒的技巧。

情緒的理解與表達

情緒的理解與表達很重要，一個無法理解或察覺別人情緒的人，可能會說出不適當的話，或是做出不合宜的行為，以至於在生活中容易到處碰釘子；而無法表達情緒的人，也會遇到很多困難，比如對某事不喜歡、不高興，卻無法表示，這樣別人可能就忽略了自身的需求，進而產生不必要的衝突或壓抑。

孩子的情緒學習是不可忽視的，特別是對於情緒表達與理解

有困難的孩子。情緒學習上，除了透過日常生活經驗的說明、繪本與圖卡的講述，桌遊也是很好的工具。桌遊帶來的互動性是難以取代的，能讓成人與孩子一同遊玩與練習。遊戲能讓學習變得更沒有壓力，孩子也比較容易在玩樂中卸下心防，表達出自己的情緒與感受。以下介紹兩款適合用來做情緒理解與表達的桌遊。

《我的情緒小怪獸》是繪本的同名桌遊，可以搭配繪本進行，玩法簡單，適合幼稚園大班以上的孩子。遊戲中，每種顏色代表一種情緒，如：黃色－快樂、黑色－恐懼、紅色－生氣。玩家丟到什麼顏色的骰子就要說出一件有關該情緒的事情。此遊戲還結合記憶遊戲的玩法，讓孩子說完情緒後收集配件，將之放入正確的瓶子中。

孩子在此遊戲中可以學習表達情緒，教學者也可以引導孩子延伸關於情緒的敘述，讓孩子說出更多感受或經驗；或是為孩子釐清情緒、定義情緒。而一起玩的孩子們，也可以透過同儕的交流，去理解他人的感受，從而建立同理心。

《我的情緒小怪獸》對於成年人來說也是相當有趣的遊戲。筆者曾經和一群新進教師玩，本來是為了向他們介紹新遊戲，結果年輕老師們竟在這兒童遊戲中認真地表達自己教學上的心情感受，結束後認為這款遊戲也很適合成人紓壓、吐露心事。

《同感 2.0》是一款合作遊戲，適合的年齡為 8 歲以上，它提供孩子各式各樣的情境，讓孩子設想回答在該情境下的情緒感

受。遊戲中會抽起情境牌，例如：「你爸爸常常在看手機。」接著孩子針對爸爸常常在看手機這件事情，選出一張情緒感受牌，面朝下蓋著。接著玩家輪流猜測他人所選擇的答案，當猜對的時候，全隊共同獲得分數。

在這遊戲中，可以讓孩子依情境來表達情緒，並透過猜測他人的情緒與聆聽他人的解釋，來培養對情緒的同理，並體認到每個人對同一件事可能會有不同的感受。

以下敘述一個使用《同感 2.0》於自閉症孩子情緒表達的案例。

案例：小昭老師運用《同感 2.0》幫助孩子練習表達與預測情緒

小昭老師任教於資源班，班上有一位中年級自閉症的孩子小鈴。小鈴的個性較為固執，有些行為被老師制止或修正時，或不想配合老師的指令時，就會僵在原地不做反應。若遇到不開心的事情，也無法主動表達情緒與原因，所以總會生悶氣。她情緒來時，反應很大，也常會曲解他人的情緒，因此在理解與預測他人的情緒上會有困難。

於是小昭老師設計一份情緒教學的活動，活動開始前先練習與討論一件事情帶給孩子的情緒、情緒的原因、孩子對情緒的期待，然後玩《同感 2.0》，之後再進行評量。

教學前，小鈴遇到要表達情緒時常用「不知道」來回應。但在

> 兩個月的教學後,開始會使用「我覺得」的句型,以及簡單的情緒詞彙。她在表達情感上變得較為精準,也比較會說出自己的感受;預測他人情緒的正確性雖然還是比較弱,但已經比原來進步許多了。[12]

情緒調節

　　我們每天都會接觸到各式各樣的刺激,這些刺激會引起我們不同的情緒反應。當情緒超過我們能負荷的範圍時,會讓我們感到不舒適,長期下來會影響心理健康。透過情緒調節,可以讓我們內在的情緒達到平衡。但情緒調節的方式有很多種,像是改變環境、避開刺激源、轉移注意力、轉念等,也可以從事不同的活動,像是運動、睡眠、閱讀、看電影、旅遊或玩遊戲等。當然,也有較負面的調節方式,像是酗酒、飆車、亂花錢等。每個人依其喜好與經驗,使用不同的調節策略,讓自己的情緒狀態維持平衡。

　　桌遊也能作為一種情緒調節的工具,教學者可以依照孩子的情況做不同的遊戲選擇。

　　如果是要緩和心情的孩子,可以選一些重複性高、規則簡單的遊戲,通俗地說,就是有療癒感的遊戲,像是不斷丟骰子的《欲罷不能》、排圖形的《烏邦果》,甚至把《卡卡頌》、《Blokus》拿起來當拼圖玩也可以。

如果需要鼓勵沮喪或心情不好的孩子，可以玩一些荒謬好笑的遊戲，像是《荒野動物學》有著奇奇怪怪的動物組成不合理的組合。

　　如果需要成就感或滿足感的孩子，我們可以選擇他拿手的遊戲，讓他在遊戲中找到掌控局面的感覺，也有助於他們情緒的穩定。

　　推薦的遊戲可參見第八章的「情緒調節」。

案例：調節情緒的小遊戲

　　資源班的阿芝老師新接一位自閉症的新生，最近剛來學校上課，每次在校門口和家人說再見後，情緒都會很不穩定，有嚴重的分離焦慮。

　　有一天，孩子又處在焦慮狀態，進到班級後不願放下書包，一直在教室中遊走。阿芝老師發現若要求他坐下只會引起更混亂的情緒。於是阿芝老師拿起一組類似俄羅斯方塊的遊戲，偷偷地把遊戲放置在桌上，也沒有出聲要求孩子過去玩。

　　孩子在教室盤旋遊走一陣子後，彷彿注意到了這組方塊

12.　黃昭慈（2022）。桌上遊戲結合情緒教學提升國小自閉症學生情緒智力之成效（碩士論文）。國立臺北教育大學。

> 遊戲，於是就自動地坐下玩起來。孩子很專注地在排方塊，排著排著，焦慮感便下降許多。之後就能順利地進入早自習的資源班課程時間，課堂中的表現也相當穩定，師生相安無事地度過了一個早晨。

衝動控制

　　成年人玩桌遊時，為了不要讓對手知道自己的下一步，會將情緒隱藏起來，像是興奮感、失落感或偶爾出現的無名火。然而，對於有些孩子來說，他們在遊戲中的重要課題是學習衝動控制。在遊戲中的衝動行為像是：無法輪流等待、規則教學時插嘴、容易情緒激動、和同儕起衝突或動手搶遊戲配件等。

　　孩子的衝動行為在遊戲時很常見。在競速配對的遊戲中，孩子會相當亢奮，如《德國心臟病》、《閃靈快手》，這時衝動特質很容易就會表露出來，急著拍鈴鐺、搶東西或是吵架爭執等；在一些節奏慢的遊戲中，如《卡卡頌》、《Blokus》，就可能會看到孩子無法耐著性子輪流等待，還沒輪到他就急著想玩，或是當被別人阻擋時，無法壓抑心中的怒氣而口出惡言。

　　教學者可以運用桌遊來幫助孩子練習衝動控制。衝動控制並非一味要求孩子要輪流等待、不可以碰桌上別人的配件、不可以生氣罵人，這樣的效果是有限的。以下提供五個步驟的簡單引導

方式。

　　首先，引導孩子覺察自己的行為，讓他了解到自己衝動時的樣子，如果孩子無法覺察自己的行為，可以藉由錄影來做輔助。

　　第二，認識這個衝動行為與周遭事物的關聯。比如沒有輪流等待就開始玩，會跳過其他玩家，讓遊戲無法進行；或是亂碰桌上的配件，會導致大家的遊戲亂掉，遊戲也會因此中斷。

　　第三，換位思考。讓孩子想想，如果自己的回合被跳掉，或是自己的配件被拿走，這樣的感受是什麼？

　　第四，增強適當行為，削弱不適當行為。在遊戲進行時，會有不斷重複檢驗衝動控制的機會，例如輪流的情境會一再發生。這時教學者應對孩子適當的行為予以鼓勵，不適當的行為加以引導修正，讓適當行為出現得更加頻繁。

　　最後，遊戲結束時，透過與孩子一起討論行為的結果，想一想在今天的遊戲中，自己有沒有做好衝動控制，如果有，整場遊戲是不是比較順暢？其他小朋友是不是更喜歡與其互動？若孩子玩桌遊時能搭配衝動控制的練習，久而久之就能漸漸提升自律的能力。

　　在孩子自身的控制之外，我們也可以增加環境對孩子的支持，也就是強化其所處的生態系統，像是增進同儕對衝動孩子的支持性。教學者可以教導每一個孩子在動作做完後，必須提醒下一位，如做完動作後要說「我的回合結束，該你了」。透過這

樣的做法，使遊戲的結構與順序感建立得更加清晰，創造出支持的環境，對於衝動控制弱的孩子在玩遊戲時很有幫助。最後，孩子在玩桌遊時，會自然產生一種特殊的團體動力，他們會互相提醒、互相監控，當孩子做出不適當行為而被同儕提醒多次後，為了在團體中持續進行遊戲，會學習控制自己的衝動以符合同儕間的社會期待。

推薦的遊戲可參見第八章的「衝動控制」。

挫折容忍

我們常常會告訴孩子不要太在意輸贏，但孩子聽進去的總是很有限。這不能怪孩子，從我們的人生經驗去想，當能夠不再計較輸贏的時候，那已經是經歷過多少次勝負了？玩桌遊也是，要親身體驗勝利的喜悅以及輸的挫折，了解箇中滋味後，知道遊戲有輸有贏，才能放下輸贏，轉念去專注於遊戲過程中的樂趣。

玩桌遊時總是多人同樂，但通常贏家只有一個，因此打從開始玩桌遊，就要準備面對「輸」，這是桌遊為我們帶來的重要課題。然而玩桌遊的樂趣並不一定是來自於勝利，遊戲過程中每個小成就、歡笑、驚喜、社交互動、閒話家常等，都是令人樂在其中的原因。玩遊戲時，應該帶著孩子去學習面對可能遭遇的失敗，引領孩子嘗試使用不同的方式來解決問題，面對自己的選擇與接受結果。

當孩子很在意輸贏時，有經驗的桌遊教學者會將行為主義的做法悄悄嵌入遊戲中，讓孩子時而經驗獲勝的喜悅，時而面對輸掉遊戲的沮喪。由於成年人和孩子玩遊戲時會有一定程度的認知優勢，因此在有些類型的遊戲很容易決定輸贏。我們知道，不斷的失敗有可能會令孩子產生「習得性的無助感」，讓他們懼怕玩桌遊，所以我們會讓孩子偶爾獲得勝利。偶爾的勝利則如同「間歇性的增強」，能讓孩子更願意投入遊戲之中。特別是當孩子玩得很認真而獲得勝利時，更是一個介入的好機會，引導孩子將勝利的原因歸之於他的努力與專心（通常也確實如此，但教學者強調後會讓這個事實更加肯定），這也有助於增加孩子的自信及主動性。

　　反之，有時輸掉遊戲也不是壞事，這就如「逐減敏感法」一般，讓孩子偶爾經驗一下失敗的感覺，孩子當下可能很沮喪，但教學者可以引導孩子宣洩抒發情緒。經常玩遊戲，經常面對輸贏，孩子漸漸就能體會到這只是遊戲的歷程而已，也就可以泰然面對遊戲中的挫折。透過桌遊，我們可以讓孩子學習到如何面對勝負，培養「勝不驕，敗不餒」的運動家精神，並安然地與挫折感相處。

　　有時教學者可以故意輸掉遊戲，然後示範面對失敗時的情緒反應，以及如何表現出適當的行為。也可以模仿孩子輸掉遊戲可能會有的反應，以幫助孩子覺察情緒與換位思考。透過討論老師

的情緒而不是討論孩子，這對於一些自尊心強或敏感的孩子會比較容易接受。

玩遊戲都有輸贏，因此可以說每個遊戲都能練習挫折容忍，不過還是有些遊戲特別好用。

第一類是遊戲中有著戲劇性的失敗場面，如堆疊平衡類型的遊戲《動物疊疊樂》或《超級犀牛》，在遊戲配件倒塌的瞬間總是令人興奮，充滿歡樂與尖叫，但對於挫折容忍度較低的孩子來說，這件事情會是令他崩潰的大災難。所以玩遊戲前，我們應先教導孩子，使之預期將會有失敗發生，且教導他如何面對這樣的情緒。當失敗發生後，若孩子仍有很大的情緒反應，可依孩子的狀況提供抒發的方式，在情緒平復後，若過程中曾有嘗試努力控制住情緒的表現，也可給予鼓勵稱讚。

第二類是使用「賭運氣」機制的遊戲（相關說明見第七章），這類遊戲中，孩子可能會因為失去已獲得的成果而崩潰，因為對有些孩子來說，將到手的獎勵還回去，會引發一種強烈的剝奪感。遊戲過程中，教學者引導孩子自主做決定，而自主決定後就應甘心接受遊戲結果，也就是讓孩子知道：「要不要這麼做，要自己決定喔！而決定了，可能會發生⋯⋯的結果，自己要想好喔！」預先說明讓孩子知道可能的結果。即使有先預告，挫折容忍度較弱的孩子遭逢失敗時仍可能會無法接受，但透過多次的遊戲，經歷數次相同的經驗後，也能逐漸提高接受程度，放下過高

的得失心（強烈的得失心也是無法容忍挫折的原因之一）。教學者也可以開導孩子，使其了解這些都只是遊戲，玩得不好，我們可以再來一盤。這類賭運氣的遊戲如：《印加寶藏》、《蟲蟲燒烤派對》。

第三類是遊戲中會不斷出現小失敗的遊戲，換個角度來說，就是要持續嘗試錯誤的遊戲，如《磁石魔法迷宮》。雖然會經歷很多小挫折，但因為遊戲的趣味性支持著孩子持續接受挑戰，所以孩子願意繼續玩下去。加上遊戲中的挫折並非很戲劇性，每位玩家也都會歷經相同的經驗，所以孩子較能以快樂、平緩的心情去面對《磁石魔法迷宮》的失敗，這是種正向的做法，學習面對失敗的孩子不一定總要痛哭流涕、捶胸頓足。

案例：小珊老師以《磁石魔法迷宮》增進孩子的挫折容忍力[13]

小珊老師班上有一位自閉症孩子，這位孩子在參與遊戲和活動時，容易因為失敗而憤怒生氣。為了解決這個問題，小珊老師選擇《磁石魔法迷宮》來為孩子做挫折容忍的練習。

---

13. 黃于珊（2023）。運用桌上遊戲結合社會技巧教學提升國小自閉症學生挫折容忍力之研究（碩士論文）。國立臺北教育大學。

《磁石魔法迷宮》的遊戲過程會經歷很多小挫折，但因為相當有趣，所以多數孩子會願意繼續接受挑戰。於是小珊老師規畫一組社會技巧的學習課程，共有七節課，每節課30分鐘。每次進行時，會先做5分鐘的情緒管理教學，指導提醒孩子如何面對挫折；然後20分鐘玩《磁石魔法迷宮》；最後5分鐘和孩子討論與反思遊戲中的感受與行為。

　　在課程結束後，透過行為研究的紀錄，小珊發現孩子變得比較能夠冷靜面對失敗，且更願意接受挑戰。而家長的回饋中也提到，以前孩子在公園玩鬼抓人時，被抓到都會大吼大叫，現在可以不生氣，進步很多。在家裡和哥哥玩時，如果輸了，也比較不會攻擊哥哥了。

　　如果孩子實在太好勝，求勝欲望太強；或是孩子太害怕失敗，怕到不敢玩遊戲，那建議可以先利用比較溫和的合作遊戲來帶領孩子進入桌遊的世界。這些遊戲中，勝敗是共同承擔的，有上述情況的孩子通常可以接受這樣的玩法。這類遊戲可以從第八章的「團隊合作」遊戲中找到。

　　此外，也可以參考第五章中「學習評量的調整」，將勝負條件做改變，以適應孩子的特性。最後，關於挫折容忍的推薦遊戲，可參見第八章的「挫折容忍」。

克服壓力與退縮

在與孩子相處的經驗中發現，有時不管桌遊再怎麼好玩，看起來再怎麼可愛友善，總是有些孩子會害怕或拒絕玩桌遊，或是在遊戲中產生退縮的表現。不願意玩的原因很多，每個孩子都有各自的堅持，但多半是由於某些情緒上的壓力所致，因此教學者需要花點時間進行了解。

遊戲有一個特質是「自願加入」，如果孩子被強迫遊玩，那他心中並不會覺得這是在玩遊戲。因此，若孩子不願加入，比較通則性的做法是允許孩子在旁邊觀察一段時間，再嘗試邀請孩子加入。當孩子觀察一段時間後，了解遊戲進行方式了，可能就會放下心中的疑慮而願意參與。再來，找到孩子拒絕參與的原因後，選擇適當或他喜愛的遊戲類型，孩子參與意願可能就會比較高。除此之外，以下列出幾個常見的原因與可嘗試使用的引導方式。

・社交壓力

有些孩子會因為人際互動上的壓力而不願參與遊戲，造成壓力的原因可能有：與不熟悉的同學一起玩、對教學者還不信任、同遊的人數過多、與不喜歡的同學一起玩等。以下提供建議引導的方式，首先，盡量不要在初見面的前幾堂課就玩桌遊，因為孩子可能還沒準備好與陌生同學互動。在遊戲進行之前，可以讓孩

子們互相認識，熟悉彼此。

　　開始遊戲時，讓退縮的孩子與比較友善的同學坐在一起，有需要的話，可以讓他們共同遊玩。而教學者也別忘了在遊戲進行的過程中：增強適當行為、追蹤描述與反應遊戲中的情感等技巧（詳見第三章中桌遊的帶領與引導）。此外，教學者也應建立同儕之間互相稱讚與感謝的遊戲氛圍，並避免出現嘲笑或挑釁的言語，例如在合作遊戲中，教學者可以引導孩子在被別人幫忙時表達感謝。

・表達壓力

　　有些桌遊會需要孩子說話或表達自己的感受，但對於有些防禦心較強的孩子來說，要他們說出想法或表態是不容易的事情。以下提供建議引導的方式，在孩子信任教學者與同遊夥伴以前，應避免遊玩需要表達想法的遊戲。可以使用專注於自己局面的遊戲為主，例如：《賓果》、《哞哞穿新衣》、《拉長島》、《輕鬆放》、《烏邦果》等。當孩子參與要溝通合作的遊戲，但還是不太容易開口表達時，教學者可以提供替代的表達方式，如選圖卡代替說話、打字、筆談等。

案例：玩遊戲時不喜歡開口表達的小茜

陳老師任教於資源班中，有一位女孩叫做小茜，曾在幼兒園時被醫院診斷有選擇性緘默症，但上小學一年級後，在校已經稍微可以說話。

陳老師在社會技巧課中，除了團康遊戲和畫圖，先讓小茜和同學玩過幾款簡單的遊戲，例如《賓果》、《小羊躲妙妙》、《UNO》、《蛇梯棋》，這些遊戲比較不需要互動，孩子可以專注在自己的任務上。

經過 2 個月的課程後，陳老師開始要上認識自我情緒的課程，於是先以《我的彩色怪獸》繪本、情緒實例分享與學習單做引導。2 週後，進入第 3 週才開始玩《我的情緒小怪獸》桌遊（從繪本延伸出來的桌遊）。這款桌遊需要孩子開口說出自己的情緒經驗，像是有關生氣、快樂、害怕等情緒。

當陳老師說完這款桌遊的規則後，小茜竟然嘆了一口氣並用手摀住眼睛，對於即將要開口似乎感到相當無奈。不過陳老師早有預料到這個情況，於是讓善於表達的同學先進行遊戲作為示範，並且在電子白板上準備了許多情境圖片，等輪到小茜的時候，小茜只需要指出符合情緒的情境即可，不強迫其說話。

經過幾輪遊戲後，小茜熟悉了這個方式，陳老師就會在她選完圖卡後，問小茜：「可以告訴老師你在哪裡會害怕嗎？」小茜於是較願意在老師耳邊小聲說：「黑黑的地方。」

> 當小茜願意開口表達自己的想法時，陳老師就予以口頭上的鼓勵。透過這樣循序漸進的方式，經過一個學年下來，小茜到資源班上課時，比之前更願意說話了。

・害怕失敗

有些孩子並不在意玩遊戲要贏，但他們卻很害怕失敗，而拒絕失敗最容易的方法就是不要參與遊戲。他們可能會有點完美主義，對於沒有把握的遊戲會拒絕。建議引導的方式有許多種，像是可以透過成人的陪伴，讓孩子較安心地進行遊戲；或者和可以信任的同學一起遊玩，這樣可以分擔失敗時的挫折感。

教學者也可以在示範時，假裝自己不小心失敗了，例如在《動物疊疊樂》中粗心地把東西弄倒了，再稍微搭配點言語，孩子會覺得相當有趣好笑。這樣做可以讓孩子放鬆心情，因為連老師都會失敗了，自己的失敗顯得沒有這麼糟糕。教學者也可以讓孩子預先練習幾輪，等孩子都熟練動作後，再正式開始遊戲，這樣也比較不會因為害怕而拒絕參與。

對於害怕失敗的孩子，我們也可以調整遊戲的難度，降低失敗出現的可能性。如《磁石魔法迷宮》中的迷宮牆不要放這麼多，遊戲就會簡單許多。或是透過規則的調整，讓遊戲從競爭遊戲變成合作遊戲，共同承擔勝負時，失敗的壓力也會隨之減小。

案例：害怕失敗的小傑與假裝幫倒忙的老師

阿齊老師班上有一位自閉症的孩子叫做小傑，玩《籤籤入扣》時感到十分害怕而不敢參與，這款遊戲是屬於堆疊平衡的遊戲，而他很害怕把東西弄倒。於是阿齊老師說：「我跟你一組，我們兩個一起放，你不敢放的時候，就請老師的手來幫忙。」

小傑開始玩以後，有尋求老師的幫忙，但老師在擺放的時候故意搖搖晃晃，假裝很沒有信心的樣子，反過來問小傑說：「怎麼辦？你覺得怎麼放比較好？」於是小傑就做出建議，老師就按照他的建議放，有時候還會不小心失敗。後來，小傑似乎覺得老師也沒有很厲害，自己應該能做得比老師好，於是就產生了信心，之後就不求助於阿齊老師而自己完成了整場遊戲。

・學習壓力

有些孩子會覺得遊戲很難，認為自己學不會，跟不上其他人，因而拒絕遊戲。有時候他們一開始願意參與，但聽到無法理解的規則後就會退縮。建議的引導方式是，不要一次說出全部的規則，大量的規則會讓孩子感到頗有負擔。可以使用前面第三章提到的「邊玩邊學」，只需要在遊戲過程中講述目前情況必須

知道的規則就好，這樣可以降低學習規則的壓力。前述的預先練習、成人陪伴等，也都是可以運用的方法。

・其他壓力

有時孩子無法參與遊戲，是因為各式各樣外在的壓力影響，曾經聽過有個孩子，只要父母親吵架，接下來很長一段時間會處於退縮被動的狀態，對於學校的課程都無心參與，玩桌遊的時候也會魂不守舍。所以教學者應體察孩子的狀態，若情況不適合遊戲，也應給孩子自我決定的空間，不應強迫孩子玩。

> **重點提示**——
> 桌遊在培養適應環境的**情緒能力**上，有以下的重點：
> ・玩桌遊時會產生很多情緒，正是練習情緒處理的好時機。
> ・選擇特定的遊戲可以練習情緒的理解與表達。
> ・情緒調節可以使用重複性高與簡單的遊戲。
> ・衝動行為很常見。可以從行為覺察開始，體認該行為造成遊戲時的困擾，再帶領孩子進行換位思考，最後透過討論來做統整。過程中應輔以行為增強來獎勵適當行為。
> ・當孩子玩得很認真而獲勝時，引導孩子將勝利歸因於自己的努力與專心，有助於增加自信及主動性。

> ・偶爾輸掉遊戲可以磨練孩子的心性，學習體面地接受遊戲結果。
> ・挫折容忍的練習可利用堆疊平衡、賭運氣或常有小挫折等 3 類遊戲。
> ・拒絕遊戲可能是因為壓力所致，找出原因並採用適當的引導方式。

精熟手部操作的動作能力

　　桌遊給人們的印象是一種需要運用認知能力的靜態室內活動，不過現代的桌遊玩法多元，有的桌遊跳脫了這種傳統的既定印象，需要動動手腳，甚至跑跑跳跳。與動作能力相關的桌遊，最常見到的是需要用到手部的精細動作及手眼協調，偶爾則會需要動作計畫的能力。而用到粗大動作能力的桌遊則數量甚少，畢竟需要活動大肌肉，戶外的各種運動與競賽就已是很好的選擇了。以下針對動作能力與相關桌遊進行解說。

精細動作
　　手部的精細動作是指以手抓握、撿起、放開、彈指等方式來操作物品。用以練習精細動作能力的遊戲，通常也是瞄準於 6 歲

以前的族群。

在桌遊中，適用於 6 至 7 歲以上的家庭遊戲或認知難度更高的遊戲，通常已經不須考量玩家精細動作能力的限制，因此遊戲中常會含有許多細小的配件。而 6 歲以下的遊戲，配件都會做得比較大，以方便幼兒操作。

對於幼兒或動作能力不佳的孩子而言，遊玩這類型的遊戲可以練習各種不同的手部精細動作，像是前三指指腹的抓握、拇指及食指尖的撿拾、指尖撿拾小物後放置到他位、手指彈射與運筆等動作。

練習精細動作的遊戲，最常見到的是堆疊積木的玩法，玩家要將物件堆疊起來，但不能弄倒，這類遊戲用到許多拇指、食指與中指的動作，同時也需要手腕和手臂的穩定度，如《動物疊疊樂》、《動物方程式》。

除了堆疊積木的類別，還有一種是彈射類型，需要用到拇指和食指／中指的彈射動作，這類遊戲很有趣，有時要掌握其中的技巧也挺不容易的，如《彈指賽車》、《冰炫企鵝》。

此外，也有需要操作工具的遊戲，如使用彩色筆著色的記憶遊戲《著色快手》，或使用筷子、夾子取物的遊戲等，以及使用玩具斧頭敲擊的《伐木達人》、以磁鐵棒來吸金屬鈴鐺的《心有鈴犀》、以玩具釣竿來做出戳洞動作和釣魚的《冰天雪地》、需要看準時機去按機關的《翻滾路易》等，這些遊戲也可以練習手眼協調

的能力。推薦的遊戲可參見第八章的「手部與肢體動作」。

在特定的遊戲以外，玩桌遊的例行性動作也需要用到精細動作的能力，精細動作不佳的孩子，他們很難將卡牌像成人一樣整齊地打開成扇形，然後單手持牌同時另一手挑選牌，這些都相當具有挑戰性。還有洗牌、發牌、整理牌等，都要用到許多小肌肉的協調與運作。以下案例提到職能治療師如何運用桌遊的例行活動來訓練孩子的精細動作。

案例：桌遊的例行活動也能訓練精細動作

范范老師是一位職能治療師，她長年在北部偏鄉服務。當她入校時，資源班老師會帶著孩子一起來上課，然後資源班老師會將練習精細動作的方法學起來，用於孩子平時的課程中。

范范老師發現有許多自閉症的孩子在手部操作的功能不太流暢，像是雙手協調的能力較弱、肌肉張力較低等。因此她會將桌遊當誘因，作為精細動作的練習與評估方式，而孩子因為覺得有趣，參與度也很高。

范范老師會和孩子玩卡牌遊戲，讓孩子練習抽牌、發牌、洗牌，以及將卡牌打開成扇狀排列。她說：「洗牌動作對孩子其實不容易，可以練習手指分化和掌內操作的能力。」在遊戲告一小段落時會需要整理桌上的卡牌，范范老師不會急著幫

孩子收好,她會鼓勵孩子自己動手做整理。這除了可以訓練孩子的自主性與遊戲儀式,在收卡牌成為一疊牌堆的過程中,會運用到雙手協調、手指間的分化與合作、力道的控制、巧勁的拿捏,最後才能整理成整齊的一疊牌堆。

有些專注力不佳、躁動、急性子的孩子,為了想要玩,竟能靜下心來小心地以雙手整理牌卡,范范老師總是會和孩子說:「要溫柔對待老師帶來的玩具,以後才能夠繼續玩!」

此外,平常教室中常用來上學習策略課程的《機智方塊》、《烏邦果》等這類方格覆蓋的遊戲,范范老師也會就地取材,作為孩子手眼協調訓練的工具,也有利於資源班老師在之後的課程延續相關訓練活動。

看到范范老師將這些訓練活動融入例行活動與教室現有遊戲中,資源班老師回饋:「平常帶學生玩桌遊主要都用於社會技巧和學習策略,為了上課效率,總是會幫孩子發牌與洗牌,沒想到讓他們做這些動作也是一種很好的訓練。」

動作計畫

動作計畫能力是一個人用來構思、規畫到執行一套動作的能力。若個體的動作計畫能力不佳,那在進行或模仿一連串動作時可能會有困難,可能會遺忘、次序錯誤或無法整合執行自己的動作。

桌遊中也有需要用到動作計畫能力的遊戲,像是《俄羅斯娃

娃》、《跳舞機器人》就是需要模仿卡片中角色動作的遊戲。《搖滾巫奇》則是需要在兩人合作的情況下，規畫要如何將遊戲版上的巫師推到目標處，推動的過程在方向和力度的掌握上，需要思考並以手的動作去做調整，像是：「A 玩家右手先按，再換 B 玩家左手，然後 A 玩家右手放開，改換左手按下⋯⋯」

《瘋狂科學家》和《快手疊杯》是要按照紙牌上顯示的順序，將物件排成一樣的順序，前者是使用燒杯形狀的管子倒塑膠小球，後者則是以小塑膠杯做排序。諸如此類的遊戲，不單只是用到手部精細動作，還需要用到認知能力的規畫和動作能力的配合。

如果孩子動作規畫能力不好，在教學時可以將遊戲動作的步驟細分，然後逐一進行教學，讓孩子先從簡單的單個動作練習，熟練後，再將不同步驟做串聯，最後達到完整的動作目標。

粗大動作

粗大動作是指需要全身運動的動作，像是涉及身體與四肢的大肌肉動作，例如站立、行走、跑步、跳躍、揮動手臂與姿勢維持等。在桌遊中，相關的遊戲著實不多，在這裡稍做介紹。

如美國 1966 年出版的經典遊戲《Twister》是一個可以練習姿勢維持的遊戲，每回合由玩家旋轉一個旋盤，會得到左手、右手、左腳、右腳相對應的隨機顏色。每個玩家必須將相關的身體

部位放在相關的顏色上。如果身體部位已經位於該顏色的點上，則會將其移動到相同顏色的另一個點。兩個玩家的身體部位不能共享同一點。如果玩家跌倒，或者手肘／膝蓋接觸地面，他們將被淘汰。

《Bounce-Off》是一款丟球的遊戲，要用球彈擊桌面後，再落入遊戲中的一個格子狀的容器中，目標是將球排成卡片上所顯示的圖案（有點像是夜市會出現的丟乒乓球賓果連線的那種遊戲）。另外，《快樂舞蛋》是 HABA 出版的一個趣味小遊戲，遊戲中有數個塑膠彈力蛋，玩家丟骰子後會根據結果做出相對應的動作，可能是把蛋扔到桌子上反彈後接住它，或是站起來繞著桌子跑；而當玩家獲得蛋的時候，要夾在身體的不同部位，像是臉頰和肩膀之間、膝蓋間、下巴和脖子間等。

整體而言，粗大動作相關的桌遊並不多，建議這方面的訓練還是走出戶外運動、打打球、跑跑步吧！桌遊可作為天氣不好時的備案參考。

重點提示

桌遊在精熟手部操作的**動作能力**上，有以下的重點：
- 選擇特定的遊戲可以練習手部的精細動作。
- 選擇特定的遊戲可以練習動作計畫能力。
- 粗大動作相關的桌遊較少，桌遊活動可當作輔助的備案。

第四章　玩桌遊培養孩子的 5 大能力

第五章
CHAPTER FIVE

與孩子玩桌遊的 4 個調整面向

將桌遊融入教學前，應先了解孩子的身心特質與學習需求，再根據孩子個別情況進行遊戲的調整。而「調整」是什麼意思呢？為何要這樣做呢？調整是根據孩子的能力，將學習的內容、歷程、環境與評量方法加以改變，以適合學習者的做法。這種調整的能力也是教育工作者應具備的專業，亦是現在師資培育過程中極為強調的面向，因為當學習者能以自己適合的方式進行學習時，學習才會有效率。

　　與幼兒或特殊孩子玩桌遊時，適性調整有助於遊戲進行與學習。若桌遊規則對孩子來說太難，我們可以簡化規則；若孩子遊戲經驗較少，我們可以忽略難懂的規則；要是遊戲過長，無法在課堂中玩完，我們可以減少回合數，讓遊戲縮短；若孩子因感官與肢體等方面的困難而導致難以進行遊戲，我們可以透過適當的輔具來支持他們。以上說明，約略就是我們玩桌遊時進行調整的方向。在不失去遊戲樂趣的基礎上，透過一些彈性的做法來讓孩子玩得更順利。本章將詳細說明桌遊調整的面向，以利教學者思考如何調整遊戲。

　　教學調整一般認為有 4 個面向：學習內容、學習歷程、學習環境及學習評量。這些詞彙可能聽起來有點陌生，但將它們與桌遊的要素做對應時就很容易理解。桌遊的遊戲規則與主題情境屬於桌遊的內容；教學者的桌遊教學與孩子的遊玩，就屬於歷程；桌遊的配件、遊戲人數與遊戲時間就是遊戲的環境；遊戲的勝

負判定方式就是遊戲後的評量。以下分別說明這些要素。

內容 規則簡化、規則減量、規則分解、主題生活化、主題重整	教學方式、學習接收 **歷程**
評量 教學方式、學習接收	遊戲配件、遊戲人數、遊戲時間 **環境**

玩桌遊的調整面向

圖5 玩桌遊的調整面向

學習內容的調整

遊戲規則

　　規則是桌上遊戲的核心，規則中說明遊戲進行的方式與運作機制。調整規則的目的是為了讓遊戲玩法符合孩子的能力並達成學習效果。規則的調整是一種「學習內容」的調整，而內容的調整方式則有簡化、減量與分解，以下將這些方式做簡單的介紹。

- 簡化

　　簡化是根據孩子的能力，在桌遊中以修改或刪除部分規則的方式，來降低遊戲的難度以適合孩子遊玩。規則簡化以盡量不失去遊戲樂趣為原則，例如《起司天堂》中，當四隻老鼠在同一格時，會擋住後面老鼠的去路，若將這條規則刪除，遊戲會比較簡單，可以降低孩子理解遊戲的認知負荷，而刪除後也不會影響遊戲太多。又如《抓鬼大隊》中，玩家有 24 次犯錯的機會，在遊戲中是以時鐘的 10 點至 12 點作為計算。若將時鐘改從 9 點開始，就有 36 次犯錯的機會，孩子玩起來會更容易，可以降低挫折的產生。

- 減量

　　減少遊戲中的資訊量，以降低遊戲的難度，但玩法不變。例如《拔毛運動會》中，玩家要記憶的圖案共有 12 種，可以因應孩子的能力減少圖案數量，只剩下 6 種圖卡的時候，遊戲的難度會減低許多，能力較弱的孩子也比較容易上手。又如《外星怪》中有各式各樣的外星人，孩子剛接觸此遊戲時，可能無法分辨類似顏色或形狀的外星人，因此可以把較為相似的幾組移除，留下形狀差異大、顏色對比明顯的外星人，對孩子來說比較容易分辨。

- 分解

　　將遊戲規則分解成數個小規則，在數次的遊戲中分段學習，

這樣的做法可以用於步驟較多、規則較為複雜的遊戲。例如《卡卡頌》可以先將遊戲當作拼圖玩，學習路對路、城堡對城堡、草地對草地的規則；再次玩的時候加入放置米寶占領路、城堡、教堂的規則；等規則都熟練後，再加入連成年人都不太容易搞懂的農夫玩法與計分規則。這樣透過分段學習，正是特教老師常用的工作分析法，把學習的內容切分成小單位，能降低學生在過程中的困惑與挫折，同時也增加成就感，讓遊戲進行得更加順暢。

在遊戲規則的調整上，其實並非只有讓遊戲變簡單，有時我們也會讓遊戲「加深」、「加廣」，讓遊戲變得更為複雜或增加學習內容。舉例來說，有一套繪本改編的桌遊《吃早餐啦》，遊戲中有著對臺灣各地早餐的背景介紹，教學者可以多加一道規則，要求孩子打出每一張早餐牌的時候，要唸出這些早餐的背景知識，並分享自己有沒有吃過類似東西的經驗。這樣外加的規則可能會讓遊戲步調慢一點，但可以讓孩子專注在其內容知識上。又如玩《卡卡頌》時，每回合本來只翻一片，改為每次翻兩片並從中選一片打出，讓孩子的選擇更多，會需要更多的思考，不過同樣也有可能會讓遊戲玩得更久。

有的遊戲可以加購擴充組合，讓遊戲增添新的元素，使之變得更加豐富，這也可被視為加深或加廣的一種方式。筆者自己愛玩的幾套桌遊，如《方舟動物園》、《重塑火星》、《歷史巨輪》

等，都因為擴充而讓遊戲增加了思考的面向與深度，雖然變得較為複雜，但賦予了遊戲新的生命，變得更加具挑戰性與耐玩。

最後，規則調整主要是為了符合孩子的認知能力，至於要調整多少，該簡化到何種程度，教學者應根據孩子的能力作為基礎，在不失去樂趣的原則下，於熟習遊戲規則之後做出適當的調整。

主題情境

許多桌遊會以一個主題或情境作為包裝，來增添遊戲的趣味性及知識性。這些具有豐富主題情境的遊戲如：《失落的城市》是一款考古探險的紙牌遊戲，玩家扮演考古學家，一步步地將失落的城市找出，此遊戲的紙牌上面有著豐富的圖案，顯示不同程度的考古發現。《滿腦子番茄》中有許多農場會出現的物件，玩家要幫忙記住這些物件，將之歸放到正確的位置。這些主題情境的設計讓孩子更有帶入感，也能刺激孩子的想像力，有時也能讓孩子習得相關的背景知識。

在調整上，當主題情境超過孩子所能理解的範圍時，教學者可用更貼近生活經驗的說法來解釋，讓孩子了解這款遊戲的背景故事。我們也可以用「重整」的方式，改變原先的遊戲內容，轉化成生活化或功能化的學習內容。例如把《拔毛運動會》中的蛋形圖卡置換成國語文中的生字，孩子就從原先記憶圖卡的學習目標

改成記憶生字，讓學習內容更加功能化；或是將蛋形圖卡置換成簡單的數學算式（如：1＋3＝？），而中間要翻開的答案卡則置換成阿拉伯數字。

附帶一提，有些桌上遊戲的主題情境對成年人來說很有趣，卻不一定適合兒童。以前曾與一位低年級的孩子玩一款關於找凶手的遊戲，遊戲中要猜測凶器與作案方式，孩子玩得津津有味。但因為孩子想像力豐富，玩遊戲時又全神投入，結果晚上睡覺時，遊玩的想像仍在腦中揮之不去，害怕得不敢入睡。因此建議教學者使用桌遊時，應避免使用負面或有暴力內容的題材。

重點提示 ———

桌遊在**學習內容**的調整，有以下重點：

・根據孩子能力簡化遊戲規則。

・根據孩子能力將遊戲資訊減量。

・根據孩子能力將遊戲拆解，分段進行學習。

・當孩子熟悉遊戲後，可以加入遊戲擴充讓遊戲變得豐富或困難。

・遊戲主題可以用貼近生活化的方式敘述。

・應避免使用兒童不宜的遊戲主題。

學習歷程的調整

學習歷程的調整是指依孩子的個別需要，調整教學方式與學習接收的方式。這種調整方式聚焦於資訊傳遞與接收的過程，傳遞是指教學者的教學方式，接收是指孩子的遊戲學習方式。

教學方式的調整

教學者在指導孩子玩桌遊時，會因應孩子的不同學習特質或遊戲的難易度，來改變自己的教學方式，以協助孩子順利學習。

常見的教學法都可以融入在遊戲教學中，像是可以利用工作分析法循序漸進地教規則；利用多感官學習的方式讓孩子體驗遊戲中不同質感的配件；利用合作學習的方式讓孩子分組研讀規則；或使用自然情境教學法去引導孩子的溝通意圖等。

此外，教學者也可以利用示範、發問的方式，增進孩子學習桌遊時的理解；或是透過 YouTube 上的教學影片教導孩子遊戲；也能透過帶團體討論的方式在遊戲結束後反思遊戲的過程與啟發；讓孩子在遊戲後寫學習單做複習等。

學習接收的調整

教學者可以善用各種學習策略幫助孩子學習桌遊，像是提供線索、提示或相關的支持。

有些孩子短期記憶力或注意力較差，或是過於衝動／過動，導致玩遊戲時常常無法記住規則細節。教學者可以為孩子製作遊戲提示的輔助卡，幫助他們順利遵從規則進行遊戲。

像是《卡卡頌》每個回合有數個步驟，我們以口語化的文字將步驟製作成一張小卡片，還可以加入一些口訣幫助記憶（如圖6）。遊戲時放在孩子面前，請孩子每次做動作時，都利用這張小卡片來檢視自己進行的動作是否正確，這也是自我監控的策略之一。若孩子有閱讀文字的問題，也可以改用圖示來做流程卡。

《卡卡頌》回合流程

1. 先抽一張牌。
2. 將牌拼放到場上，路對路、城堡對城堡、草地對草地。
3. 決定要不要放米寶在剛剛的牌上。
4. 如果圖案完成，米寶回家去，然後計分。

圖6　《卡卡頌》遊戲步驟幫助卡

此外，桌遊裡面常有不同的顏色、符號、文字、數字、圖片等視覺線索，若這些線索不易理解，教學者可另行製作一張小卡來說明這些圖示的意義。這樣孩子在了解規則後，較能依循著這些圖示「直覺式」地進行遊戲。

> **重點提示**──
> 桌遊在**學習歷程**的調整，有以下重點：
> ・根據孩子的學習特質，教學者可以使用不同的教學法。
> ・根據孩子的學習特質，教學者可以提供不同的學習策略。

學習環境的調整

遊戲配件

桌上遊戲的配件是指遊戲中用於進行遊戲的物件，例如紙牌、骰子、圖版、棋子、厚紙片等。遊戲配件的調整，是針對「學習環境」的一種調整，主要透過物理環境的改變以提供孩子友善共融的遊戲環境。關於不同特殊需求類別的孩子可進行的調整方式，於下一章中會詳細解說。

遊戲人數

桌遊外盒和規則中會標示可支持的遊玩人數，而教學者有時

因應教學環境的差異，可對人數進行調整。例如：《拼布對決》僅能兩人進行，但將孩子兩兩分組後也能進行遊戲，此時同組的孩子可以透過討論一起決定接下來如何移動；有些遊戲可能限制四人玩，但只要多一個棋子就可以五人玩了，這樣的調整就相當容易；有些遊戲甚至還能將多組混在一起玩，以提高遊戲參與人數。遊戲出版公司所設定的人數限制大多是為了遊戲的最佳體驗感，當人數過多時，可能導致遊戲等待時間較長、參與度較低等狀況。然而，使用在教學時，可依現場需求為主，不需要拘泥於遊戲原有的人數限制。

遊戲時間

桌遊外盒和規則中會標示遊戲進行的估計時間，這個時間通常不包含教學。透過一些適當調整，我們可以延長或縮短這些遊戲的使用時間。有些遊戲每一回合進行的方式與玩法都相同，它們的每個回合都可當作一場獨立進行的小遊戲，因此可以快速進行，不受時間限制。若教學者想在短暫的時間中快速使用遊戲，這類遊戲就很適合，如《閃靈快手》、《SET》、《快手疊杯》等。

有些遊戲則可以透過改變遊戲結束條件來加速進行，像是《瓢蟲彩妝宴》，本來要將所有瓢蟲都放上不同顏色的配件才會結束，將結束條件改成只要完成三隻瓢蟲，這樣遊戲就不會玩太久。又如《卡卡頌》玩一盤可能要30至40分鐘，遊戲中有72個

遊戲板塊，如果僅使用 36 片，遊戲時間就會減少一半。

> **重點提示**　──
> 桌遊在**學習環境**的調整，包括遊戲配件、人數和時間方面的調整。目的是讓孩子能充分參與遊戲，使遊戲順利進行。

學習評量的調整

在桌遊的定義中，遊戲是有勝負之分的。桌上遊戲的勝負有許多不同的決定方式，像是：分數最高、最快完成某目標者、某配件最多等。不論何種方式，都是在比較孩子們整場遊戲下所累積的結果。因此，勝負判定就好似學習評量一樣，能讓孩子知道自己遊戲進行的狀況是好是壞。這種評量並非去評估孩子的整體學習成效，而是評量這場遊戲表現得好不好。因此針對勝負方式進行調整的目的是希望每個孩子都能充分參與遊戲、在遊戲中玩得開心、減少挫折、降低競爭感並提升安全感與歸屬感等。雖然在玩桌遊的過程中，學習接受失敗是很重要的事情，但有些孩子可能經常在一般的學習環境中飽受挫折，透過遊戲也許能為他們帶來信心與「我能感」。以下提供一些調整勝負的方法供教學者參考。

從單人競爭改為小組競爭

雖然桌遊的本質帶有競爭，但有時因為孩子不愛競爭或害怕競爭，我們可以透過分組競賽的方式，將孩子依能力分組，發揮合作學習的精神，讓能力較佳者帶領能力較弱者一同遊戲，兩人一組或三人一組來計算小組分數。透過分組競賽可以降低個人輸贏時帶來的挫折，也能增進孩子彼此間的夥伴感。

從單人獲勝改為多人獲勝

有時同遊的孩子間能力落差過大，按照原來的規則可能會導致特定孩子不斷遭遇挫折，這時可將遊戲得分或勝利條件改為達成「標準」即得分或獲勝。

從競爭遊戲改為合作遊戲

將原本只能一人獲勝的競爭遊戲，改為團隊合作的合作遊戲。例如：《卡卡頌》的勝利條件原本為最高分者獲勝，教學者可以調整為，當所有學生一起合作達到 200 分時，全體共同獲得勝利；或是《起司天堂》改成所有老鼠要一起獲得 25 分等類似的做法。

重點提示

桌遊在**學習評量**的調整，有以下重點：
- 針對勝負方式進行調整，是希望孩子能充分參與遊戲，在遊戲中玩得開心、減少挫折、降低競爭感並提升安全感與歸屬感等。
- 調整勝負判定的方式，可以讓遊戲競爭的方向完全改變。

第六章
CHAPTER SIX

與不同需求的孩子玩桌遊

先前第三章談到與孩子玩遊戲的流程步驟，在我們進行遊戲時，會先了解起點能力，然後選擇桌遊，透過適性的調整以進行桌遊活動。了解前述流程後，這章則聚焦於介紹孩子的特質與遊戲需求，並整合性地討論不同特質的孩子玩桌遊的相關情形與注意事項。

在《特殊教育法》中，身心障礙被分為13種情形，分別為智能障礙、視覺障礙、聽覺障礙、語言障礙、肢體障礙、腦性麻痺、身體病弱、情緒行為障礙、學習障礙、自閉症、多重障礙、發展遲緩與其他障礙。每個類別都有其各自的定義與標準，在此我們以不同特質孩子的學習需求與特色為基礎，從運用桌遊的角度切入，來為讀者做說明。

自閉症

和自閉症的孩子一起玩桌遊

自閉症的孩子通常會有溝通與社會互動方面的問題，並表現出較為固著的行為模式及興趣。對於自閉症孩子來說，玩遊戲是否能幫助其社會技巧與人際互動的進步？答案會因人而異，因為自閉症孩子的能力與社會行為表現落差很大。而遊戲重要的關鍵特質是「遊戲是自願加入的」，若孩子對遊戲一直不感興趣，那將桌遊用於增進社會技巧或溝通訓練的成效上就會相當有限。

對於中度、重度或極重度的自閉症孩子而言，他們的社會互動和認知能力通常較弱，在體會桌遊的樂趣上會較受限制。在開啟孩子對遊戲的興趣以前，通常需要透過教學者長期的訓練與指導。所以一開始會讓人感覺到僅是從事某種被指派的任務，但可搭配自然情境教學法（稍後會介紹）及遊戲對孩子的吸引力，誘發孩子的主動性，或吸引他們的注意力。

有時候自閉症孩子喜歡上遊戲的「點」會和其他孩子不太一樣，他們要的也許不是勝負輸贏，而是能滿足自己某些獨特的興趣。這並沒有什麼對錯，因為每個人玩遊戲都有自己的原因與喜好，有些人喜歡欣賞遊戲的機制，有些人喜歡遊戲時與朋友的互動，有人喜歡遊戲的美術主題等。無論如何，只要參與其中、樂在其中，都是很好的遊戲行為。透過以下中重度自閉症孩子玩遊戲的例子，相信讀者就能理解筆者的意思。

案例：兩位喜歡玩桌遊的自閉症孩子

米米老師在小學的集中式特教班任教，班級中有 5 位學生，其中小建是中度自閉症低年級生，而小翔是重度自閉症低年級生。米米老師會帶學生玩《蛇梯棋》，這是一款簡單的擲骰遊戲。小建和小翔不像其他幾位智能障礙的孩子了解遊戲目的（遊戲目的是最先走到終點的人獲勝），因此他們不太在意輸贏，棋子落後時也不會感到挫折。

> 　　小建和小翔在丟骰子和移動棋子這種規律的例行動作當中，表現出相當興奮與滿足的表情，並積極參與其中。他們非常喜歡踩到蛇或梯子時，將棋子做出上下滑動的視覺感受，還會為此模仿音效。如果其他孩子踩到蛇或梯子忘記移動時，小建還會主動幫忙。兩位自閉症的孩子在遊戲中追求的目標與樂趣顯然和其他孩子不同，但他們依舊在這個桌遊中獲得相當大的樂趣。

　　對於輕度自閉症的孩子而言，桌遊可能頗具有吸引力，但這還是要考量個別差異，因為自閉症的孩子經常會有自己獨特的喜好。若要以桌遊為教學的媒介，必須先了解孩子是否對遊戲感興趣，不感興趣的話，強迫使用遊戲只會有反效果。

　　輕度自閉症的孩子通常能理解桌遊的箇中趣味，他們能玩的桌遊基本上與一般孩子沒有什麼不同。在遊戲選擇上，不要操之過急，並非運用社會互動強度高的桌遊就適合訓練社會技巧，這對自閉症孩子不一定合適。例如《阿瓦隆》、《說書人》、《吹牛骰》、《德國蟑螂》必須使用到複雜的社會能力，像是換位思考、臆測他人想法等，這些都是自閉症孩子的弱項，在遊戲中勢必會產生很多疑惑和挫折。

　　孩子剛接觸遊戲時，可以先採用回合流程固定單純、操作性高、趣味直接的遊戲，依照不同年齡的認知發展，如適合幼兒與

低年級的《抓鬼大隊》、《起司天堂》、中低年級的《烏邦果》、《獅子剪髮大冒險》等。

此外，教學者也可以考量自閉症孩子的情緒行為問題與社會技巧來做遊戲的選擇，例如有對立反抗或是無法接受輸的孩子，通常會需要一段時間的引導與磨合，所以剛接觸遊戲時可能就不會選擇衝突性高的遊戲，如要競速搶東西的《閃靈快手》、《德國心臟病》，或失敗時會很難堪的《超級犀牛》，這些都比較容易讓孩子爆炸。建議可以採用比較溫和的合作遊戲《魔法照路》、《小小貓頭鷹》，或是專注在個人局面的遊戲如《哞哞穿新衣》、《機智新星》。等孩子習慣玩遊戲，認同遊戲規則並願意遵守後，可再嘗試一些競爭性較強的遊戲。

玩桌遊是融合的好管道

桌遊是自閉症孩子與同儕互動的一種管道。一般的遊戲是人與人的直接互動，但桌遊所形成的場域，則是人與人透過遊戲在進行一種間接互動，這對於不善互動的自閉症孩子來說，挫折與衝突就會降低許多。

孩子們在固定且結構化的規則下進行遊戲，每個孩子能做的動作都是相同的，如《蛇梯棋》中每個孩子都是丟骰往前走，不會因身分與能力而有所不同。在結構化的遊戲中，平等的規則讓孩子可以在同一個頻率上互動，從這樣的相處時光可以讓同儕發現

和自閉症孩子相處並不難，大家都能做一樣的事情、玩一樣的遊戲，共同享有一段快樂的經驗。

桌遊可以創造出一個社交環境，讓孩子們圍坐在一起，自然而然地練習社會技巧與增進人際關係。

口語交談的直接互動，對於有些孩子來說可能充滿挫折與壓力。

透過遊戲間接互動，能以不同方式學習互動的技巧。

圖 7　桌遊可以幫助孩子練習與人互動的社會技巧

結構化的遊玩方式與視覺提示

設計良好的桌遊會有清晰的規則來制定該如何遊玩，規則中會將遊戲目標、進行流程、動作執行、結束方式、勝負決定方式

等做清楚的解說。桌遊的遊玩方式，可以說是一種按部就班的結構化遊戲，這也正好符合自閉症孩子對固定流程或步驟的喜好。在結構化的玩法下，當孩子熟悉遊戲後，他便能在可預測的遊戲環境裡，安心地與其他孩子一起同樂。

除了結構化，教學者在帶孩子玩遊戲時，也可以將遊戲流程或步驟「視覺化」。例如將遊戲步驟以投影片做成明確的階梯圖或流程表，或將圖表印出後，放置於孩子的桌前作為個人的提示系統。許多自閉症孩子對於結構化與視覺化的資訊特別敏銳，如此學習桌遊時也會比較有效率。

桌遊能提供練習社會技巧的機會

桌遊能提供孩子一個自然的社會互動情境以做相關技巧的練習，以下舉出數個情境與練習的例子提供參考。教學者可以從本書的第四章和第八章中，了解桌遊可使用的面向及選擇適當的遊戲來做社會技巧的練習。

- 學習遊戲規則時，可以練習聆聽與遵守規則（可參考第88頁案例：不願遵守規則的小忠）。
- 玩合作或分組競賽遊戲時，能促進與他人共事的團隊精神，並學習遵守團體規範與原則。
- 玩交易類型或需要溝通的遊戲，可藉由大量對話的機

會，增進語句組織及語用能力，同時學習溝通禮儀。
- 回合制的遊戲可以練習輪流等待。
- 孩子在競爭性強的遊戲中可能會面臨許多衝突情境，可以教導他們衝突處理或衝動控制的技巧。
- 在強調人際互動的派對遊戲中，能和同儕分享自己的感受與喜好，同時也可以聆聽他人的想法。

運用桌遊來進行情緒學習

　　情緒能力對於個體適應環境與建立關係都相當重要，而自閉症的孩子在情緒的認知理解與負面情緒處理較有困難，像是比較固著的思考方式，導致轉換活動或嘗試新活動時，會有焦慮不安的情緒；理解或表達想法的困難，導致挫折感產生；較為敏感，對於嘈雜的噪音或環境的改變較難以忍受。而玩桌遊時會帶來各種情緒與感受，像是與夥伴間的親密感、團體的歸屬感，或是新奇、有趣、期待、興奮、成就、猶豫、擔心等，有助於為自閉症孩子帶來不同的刺激。當面對不同情緒時，可以學習情緒間的轉換與調節，甚至透過遊戲紓解壓力。

　　對自閉症孩子來說，桌遊可以用於調節情緒，以及練習情緒表達與理解。如先前第四章關於情緒能力的一段中提到，透過選擇不同的遊戲，如重複性高、結構化強、規則簡單的遊戲，可以讓孩子反覆進行，能夠緩和孩子的情緒。特別是有些自閉症孩子

對於幾何圖形與填滿圖形的特殊喜好，第七章中所介紹的方格覆蓋（grid coverage）的空間類遊戲就很適合。

情緒表達與理解的練習，如《我的情緒小怪獸》、《同感 2.0》是直接聚焦在情緒的遊戲，遊戲中有很多讓孩子開口表達自己情緒的機會，以及聆聽他人的感受（如第 125 頁，小昭老師的案例）。若直接表達情緒對孩子來說有困難，我們可以換個角度，改為聚焦在遊戲本身，讓孩子間接分享喜好或感覺。例如玩《天生絕配》、《雙胞胎》、《妙語說書人》，這些遊戲都不需要直接說出自己的情緒或感受，而是透過出牌的方式來表達。於是，我們就有機會問孩子：「為什麼你會選這張牌？可以說說看嗎？」藉此誘發溝通的機會。

其實這樣的做法對一般孩子或青少年也很有用，因為他們往往不太會表達自己的情緒，但藉由遊戲卻可以投射出自己的想法，教學者就可以從中找到與孩子互動的契機。對於更小的孩子而言，《怪獸面具島》、《俄羅斯娃娃》可以練習不同的表情與姿勢，教學者能和孩子一起為這些動作配對情緒，也是認識情緒的一種方式。

玩桌遊練習溝通能力

在口語能力方面，並非所有的自閉症孩子都具有口語能力。有些口語能力較弱的孩子溝通意圖較少，常常是在成人主導下才

被動地說話，或是有需求時才願意開口。有些自閉症的孩子說話能力尚佳，但在語用的表現上可能有諸多限制，例如：容易說出與當下情境無關的話；只從字面上的意義來解釋語句；只喜歡談論固定的主題；不知道何時要停止對話，過度延續舊話題；無法順利與他人進行一來一往的對話等。這些狀況會使自閉症孩子在溝通上出現問題，影響他們的人際關係。

在自閉症孩子的口語溝通教學上，可以善用自然情境教學法（又稱隨機教學法）來搭配桌遊的使用。自然情境教學法是教學者透過一些安排，讓平常行為模式與興趣較為固著的自閉症孩子發現一些小改變，而他們為了因應這些改變會激發出使用口語的意圖。當孩子有了溝通意圖後，教學者可以引導他們說出正確或完整的語句。

例如在玩桌遊時，當孩子已經熟悉傳統遊戲《蛇梯棋》後，他知道需要擲骰，但教學者故意沒有把骰子拿出來。這時孩子可能會透過用手指、伸手拿、發出聲音等反應來表達其需求。教學者知道後，就可以透過一些提示的方法，引出孩子更明確的反應。像是問孩子：「小瑜，你要什麼？」教學者可以依孩子需要提示的程度，讓表情變得更生動或使用手勢圖卡等提示系統。當孩子做出正確的反應後，就將骰子給孩子。而玩一場桌遊會用到許多配件，以及面對許多溝通情境（如合作遊戲中要跟隊友索取東西，或是要提醒隊友記憶圖卡的資訊等），因此就會產生大量

可運用自然情境教學法的時機。

若孩子對桌遊不感興趣，就會難以誘發溝通意圖。我們可以協助孩子「尋找」興趣，有些孩子好像玩什麼都好，或是不玩也罷，動機不高，有可能是因為缺乏愉悅經驗才顯得興趣缺缺。所以教學者在教導桌遊活動時，要選擇有趣的桌遊，或是孩子特別感興趣的主題或玩法，可能需要多花點時間測試看看。同時，可考慮使用外在的增強物（見第三章中，遊戲前明訂行為規範與獎勵制度）與口頭讚美來鼓勵孩子進行遊戲。

> **重點提示**
> - 使用桌遊學習社會技巧時，應選擇回合流程固定單純、操作性高、趣味直接的遊戲，而非需要運用複雜社會技巧的遊戲。
> - 透過桌遊這種結構化強的規則性遊戲，自閉症孩子可以和一般同儕一起進行遊戲，有助於融合環境的推展。
> - 教導自閉症孩子玩桌遊時，將遊戲流程視覺化，有助於孩子學習。
> - 桌遊可以為自閉症孩子帶來社會和情緒方面的學習情境與機會。
> - 玩桌遊時會帶來各種情緒與感受，當面對不同情緒時，可以學習情緒間的轉換與調節，甚至透過遊戲紓解壓力。
> - 在溝通訓練上，桌遊活動可以搭配自然情境教學法進行。

情緒行為障礙

　　在特殊教育中，情緒行為障礙是指個體長期情緒或行為表現異常，而此類障礙需要排除智能因素。也就是說，當孩子被判定為情緒行為障礙這個類別時，他的認知能力應在一般發展範圍之內。而進一步來看，情緒行為障礙所包含的狀況很廣泛，像是思覺失調、憂鬱症、躁鬱症、畏懼症、焦慮症、強迫症與注意力缺陷過動症（Attention Deficit Hyperactive Disorder，簡稱為ADHD）等。就目前教育現場來說，ADHD方面的問題是人數最多的，現有桌遊應用於特教之研究也大多數聚焦於ADHD孩子，因此本節將以ADHD為主要討論對象。

　　ADHD主要的症狀為包括缺乏注意力、過動及衝動。在缺乏注意力方面，表現出難以專注在學習重點上，容易粗心造成錯誤，因此持續專注在工作或活動上有困難。過動方面，在教室或靜態課程時，常會有坐不住、離開教室走動或無法安靜下來等情形，難以在沒有興趣的活動中維持長時間的參與度。衝動方面，出現無法輪流等待、常常打斷別人的話或問題，或是無法控制情緒而容易起衝突等。

　　對桌遊已有認識的讀者，應該都知道玩桌遊其實是個需要維持注意力與輪流等待的靜態活動，這些正巧都是ADHD孩子的弱項。那麼，ADHD的孩子適合玩桌遊嗎？由於有趣的遊戲能夠

獲取孩子的注意力，也有許多研究與教師現場經驗證實桌遊用在 ADHD 孩子上的助益，因此我相信這個答案是肯定的。

玩競速類桌遊訓練集中性注意力

透過有趣的桌遊可以讓 ADHD 的孩子集中注意力在活動上，通常教學者會使用具有「競速配對」和「圖案辨識」機制的遊戲（詳見第七章的遊戲機制介紹）。速度上的競爭會帶給孩子刺激緊張感，讓他們保持警醒和專注；而圖案辨識類的遊戲，則會令孩子將注意力聚焦在遊戲任務的觀察尋找上。訓練集中性注意力的遊戲，通常需要孩子專心看桌面上的牌卡，當新的一張牌被翻開時，孩子要競速去找出與那張卡片相符或有關的東西，看誰能最快找到，這類遊戲如《閃靈快手》、《嗒寶》、《外星怪》等。

訓練集中性注意力的遊戲其實不只圖案辨識的遊戲，也有運用記憶、操作、語言或計算等玩法的遊戲可用於訓練注意力。這些遊戲結合不同的能力與「競速配對」，像是記憶的遊戲《滿腦子番茄》；語詞的遊戲《字字轉機》、《大頭娃娃》；計算的遊戲《德國心臟病》；操作的遊戲《快手疊杯》、《搖滾巫奇》；視覺追視的遊戲《給我餅乾》；照相式的圖像記憶《快閃地精》。推薦使用的遊戲整理可參見第八章中的「集中性注意力」。

玩思考性桌遊鍛鍊持續性注意力與組織計畫能力

　　ADHD 孩子在注意力的維持上有困難，而上述競速類的遊戲，雖然會讓孩子集中專注，但也很容易處於亢奮的狀態。雖然刺激有趣，卻容易疲勞，不利於訓練持續性注意力。鍛鍊孩子的持續性注意力，我們得使用需要靜下心來動腦思考的遊戲，這類遊戲通常時間會長一點（約 15 至 30 分鐘），且玩家在遊戲過程中需要輪流等待，如《卡卡頌》、《拯救童話》、《拔毛運動會》、《Blokus》等。

　　此外，ADHD 孩子也常在組織與計畫工作上產生困難，像是忘東忘西、無法整齊有序地整理物品、面臨一堆任務而不知道該從何開始等問題。透過桌遊，我們可以訓練孩子的組織計畫能力。而桌遊的選擇，與上述持續性注意力的部分有些許雷同，也是需要動腦思考和遊玩時間較長的遊戲；不過，針對計畫組織能力，建議選擇步驟較多的遊戲。像《Blokus》中，玩家的動作只有一個步驟，就是放方塊配件而已；《卡卡頌兒童版》就有抽一片板塊、拼放板塊、放米寶等三個步驟；《卡卡頌》則有抽一片板塊、拼放板塊、放米寶、計分等四個步驟。而遊戲的選擇，當然也要依照孩子的能力與年齡循序漸進，不要操之過急。

　　訓練組織計畫能力時，我們可以製作步驟卡，利用視覺提示引導孩子依步驟進行遊戲（如第五章中「學習歷程」一節所介紹）。此法在一般成人玩家學習複雜的遊戲時也會使用，有的遊

戲出版商也會為玩家製作步驟流程卡。當孩子能依照視覺提示進行遊戲後，我們可以漸漸褪除這項支持，讓孩子以自我對話的方式提醒自己遊戲的進行。

只靠不斷口頭提醒孩子該如何進行遊戲，並非長遠之策，當孩子總是依賴您的提醒，便無法將組織能力內化到心中。如同我們常聽到的「給魚吃不如給釣竿」，給予孩子策略、方法和合適的支持，讓孩子一步步練習自我監控和組織能力，這樣在面對未來其他遊戲，甚至是生活中的事物，才得以獨立進行。

玩桌遊也常要運用分散性注意力

分散性注意力是人們同時進行多件事情時所要運用的一種注意力，也就是讓心思同時注意多件事情的能力。玩桌遊時也常常會用到這樣的能力，以玩《麻將》作為例子，打《麻將》時一邊要注意自己的牌，一邊也要注意其他人丟出的牌，如果無法分散注意力，可能會錯失「吃」、「碰」的良機。

許多桌遊的遊玩都不僅需要注意自己的局面，也要同時關注他人在做些什麼事情。就像《字字轉機》中，一邊要注意自己翻的牌，一邊也要去注意與思考別人面前卡牌上的詞彙，如此反應才會夠快。《九九將》是類似於《麻將》的遊戲，但玩法是要收集九九乘法的組合，在這遊戲中，除了要專注自己的牌面，也要看看別人丟掉的牌有沒有自己要胡牌的組合。所以，在玩桌遊時會

練習到分散性注意力，教學者可以在介紹遊戲規則時，引導孩子同時留意場上的重要資訊，並在遊戲過程中適時給予提醒。

在結構化的玩法下，提升穩定度與減少衝動

桌遊是一種結構化的遊玩方式，這在本書中已不斷被強調。而多數桌遊是回合制的，就像兒時的《大富翁》那樣，我丟骰走棋後，換你丟骰走棋，如此輪替進行以至結束。在整個遊戲中，其實就是一種不斷重複練習輪流等待、按步驟執行動作、遵守規則的過程。而這樣的重複練習卻不致無聊，就是因為遊戲的樂趣帶給孩子愉快的回饋，使他們願意安坐下來進行這樣的訓練活動（但孩子並不會發現這是一種訓練）。

在結構化的遊戲裡，對於提升 ADHD 孩子的穩定度是有所助益的，可以慢慢改善衝動與情緒控制的問題。關於衝動控制的訓練，可以參考第四章中「衝動控制」一節的說明，先以認知的方式引導孩子覺察自己的衝動行為，然後了解這種行為對遊戲和同儕所帶來的負面影響，並輔以換位思考來深化這樣的感受。接著透過實際進行遊戲，在反覆的輪流行為中做好衝動控制的演練（其實就是以遊戲來包裝行為練習，但遊戲時是真實的情境，比刻意的演練要真實）。遊戲後，帶著孩子做討論，將經驗歸納總結，讓印象更加深刻。

在遊戲中，當別人在做動作時，孩子由於迫不及待想要玩，

很容易發生衝動的情況。總是要求孩子壓抑衝動，對師生來說都是辛苦的事情，建議教學者可以透過認知的方式，引導孩子思考：「當其他玩家在做動作時，閒下來的我可以做些什麼呢？」舉例說明可以引導的方向：

- 觀察別人在做什麼事情，思考別人的動作對我有沒有影響？
- 觀察別人做的事情效果如何？如果好的話可以模仿，不好的話可以避免。
- 提前思考自己下一步要做的事情，不要等到自己的回合再開始想。
- 幫忙注意其他玩家是否都有正確按規則進行遊戲。

遊戲前的預告與約法三章

孩子愛玩遊戲是天性，玩桌遊時會十分興奮，而 ADHD 的孩子在情緒或衝動控制上有些困難，經常會因為發生不順心的事情而發怒生氣。一旦情緒控制不住，教學者可能整堂課都必須處理這個孩子的心情，也會影響到其他孩子或是教學的進行。身為教學者，我們可以在遊戲開始前先進行相關的社會技巧與情緒教學。（注：遊戲前的預告與約法三章，這樣的做法在第三章的「進行桌遊活動」一節中已有提及，但對於有情緒行為問題的孩子來

說相當重要，因此特別再次強調）

第一，提前預告遊戲中可能會面臨的挫折。孩子預先知道有這些挫折，能夠先有心理準備，當面對挫折時，情緒也會比較穩定。第二，遊戲開始以前要約法三章，讓孩子知道玩遊戲的規範，以及行為的後果，例如：玩的時候生氣搗亂，老師會把遊戲收起來，今天就不可以再玩。這些規定最好能夠以視覺化的方式呈現在教室中，也就是白紙黑字（或圖示）貼在顯眼之處。當教學者訂立好規範時，遊戲進行會較為順利。當行為問題出現時，教學者也能按照已訂立的規範來要求孩子。

桌遊不是萬靈丹

桌遊很適合用來訓練 ADHD 孩子的社會技巧與情緒控制，但單純只靠遊玩的幫助可能有限，孩子行為的進步還需要照顧者及教學者的耐心引導與陪伴，有時也需要配合醫療的建議（如行為介入、專業治療服務或藥物支持等），這樣才能使問題得到實質且全面的改善。

重點提示

對於有注意力缺陷和過動的孩子而言：
- 玩競速類桌遊可以訓練集中性注意力；玩思考性桌遊則能鍛鍊持續性注意力與組織計畫能力。

> ・遊玩需要注意他人局面的桌遊，可以訓練分散性注意力。
> ・回合制的桌遊與結構化的規則，其實是在重複練習輪流等待、按步驟執行動作與遵守規範。
> ・進行遊戲前的約法三章，以及預告遊戲時可能遭遇的挫折，對於遊戲秩序與孩子的情緒管理是有幫助的。

學習障礙

從特殊教育學生的人數統計來看，從小學到高中階段裡，學習障礙是人數最多的一種類別。學習障礙的孩子可能會有認知上的問題，如注意、記憶、理解、知覺或推理能力等，並導致聽、說、讀、寫、算等學習上的困難。雖然有這樣的困難，但學障孩子的智能是在一般發展範圍之中，因此玩起桌遊來，僅需針對他們的弱勢能力，如識字、閱讀理解或是數學計算等，給予相對的協助。

桌遊是提升學習動機的輔助工具

在近來的調查研究中，以及現場特教老師給我的回饋裡，都指出使用桌遊的一大原因是為了提升孩子的學習動機。學習障礙的孩子通常都是入小學後，在學習時經歷許多困難，被教師發現

後才提報出來進行特教鑑定。所以這些孩子進入資源班時，通常已有著許多挫折的學習經驗，對學習往往感到無助且抗拒。

然而，特教老師總是會想一些不同的方法讓孩子在學習過程中找到自信，桌遊就這樣被帶入了教室，它不僅可以用於提升學習動機，也創造了師生互動機會，從而拉近師生間的距離。教師運用桌遊提升學習動機的方式十分多元，沒有特定的做法，像是選用與學習內容相呼應的遊戲、選擇能練習特定能力的桌遊、將學習內容融入現成的桌遊、教學者自製與學習內容有關的桌遊、將桌遊當作課間喘息的小活動、將桌遊作為增強物，或放置於教室讓孩子在下課時遊玩等各式各樣的做法，端看教師與孩子的需求而定。

運用遊戲練習學習策略

在近年頒布的《特殊需求領域課程綱要》中，有一個科目稱之為學習策略，此科目聚焦在教導孩子學習的方法與技巧，以增進學習參與及效果。而就讀資源班的學習障礙學生經常會被安排此課程。許多資源班的老師也會在學習策略的課堂中使用桌遊。

桌遊能讓學習策略的課程變得有趣，但為何教師們要這麼做呢？桌遊又該如何對應學習策略呢？以下進行相關的解釋。學習策略的重點主要分為四項：認知策略、態度與動機策略、環境調整和學習工具運用策略、後設認知策略。

第六章　與不同需求的孩子玩桌遊

其中「認知策略」與桌遊的關聯最多，像是注意環境中的訊息、忽略干擾訊息、維持專注、分辨細節差異、記憶力策略、推理策略、組織策略等，這些認知策略與多數桌遊的玩法不謀而合。

例如《記憶黑洞》在考驗記憶力之外，還可以練習如何排除干擾訊息；玩《抓鬼大隊》時，孩子會討論出一套記憶策略，能讓他們腦力激盪找出適合自己的記憶方式；《大家來找碴》可以練習分辨細節差異的能力；也有像是《神探諾斯》這種將擲骰圖案作為線索的推理遊戲，讓孩子發揮歸納排除的推理能力；或是《語破天機》將要猜測的事物以各種基礎概念來圖示，讓孩子利用這些概念圖來推敲謎底。

關於認知策略可使用的桌遊，可參見第八章遊戲的推薦，其中有推薦形狀／顏色配對、注意力、記憶力、空間概念、演繹推理等各種類別。

第二項「態度與動機的策略」，桌遊的趣味性能引起學習者的動機，因此透過在課堂中玩桌遊，讓孩子喜歡學習，找到學習的興趣與信心，就對應了此策略。

第三項「環境調整和學習工具運用策略」的學習重點中，有提到利用多感官的學習、自然的學習環境與可選擇的學習工具等。在桌遊中有多感官類型的桌遊可以學習配對、觸覺感知、估算數量等（參見第八章），而桌遊能形成一個較無壓力的學習情境，可以說是一種學習環境與工具的調整。

最後,「後設認知策略」中,則可對應第四章有關桌遊與認知能力的關聯,其中提到玩複雜且步驟多的桌遊時,玩家可以學習使用後設認知來監控與檢核自己遊戲的過程是否正確。

從遊戲找到自信心與價值

學習上的受挫經驗會影響到孩子的自信心與自我價值感,而透過遊戲可以修補孩子一部分的不良經驗。在自我決定論裡面提到,人們在生理需求外,還會有「勝任感」的心理需求。透過教學者的遊戲選擇與調整,讓孩子玩到與自己能力相符,並且稍加努力就可以得到成就感的遊戲。讓孩子感受到自己的能力與擅長之處,進而提升自我價值感。

教學者可以多多嘗試不同的遊戲類型與難度,確認孩子的能力現況後,就可以提供適性的遊戲。也請記得,要在遊戲過程中多多給予口頭讚賞,不吝給予孩子更多的成功經驗與信心。

因應需求自製學科內容的遊戲

常有老師問說:「我正在教某某科目的某某單元,有沒有推薦什麼適合的桌遊呢?」每當遇到這個問題時,我總是語帶保留地對老師說:「坊間應該會有一些與學科相關的桌遊,但要考量孩子的興趣,以及學習內容的對應程度。」這是由於這類遊戲受限於傳達特定學科內容,在娛樂性的表現上常有所局限,加上學

科內容太廣泛，要找到剛剛好對應的遊戲實在不容易。

在遊戲領域中，有個專有名詞叫做嚴肅遊戲，意指遊戲專為傳遞某種目的而設計，例如：專為教導學生除法計算的遊戲、幫助學生學習識字與部首的遊戲。這類遊戲受限於它所需要傳達的教育內容，遊戲方式會較為僵化。而遊戲內容也必須圍繞在對應的主題上，會使娛樂的感受較為降低。不過，隨著桌遊設計在國內的進步，近年來有許多出版社與設計師因應教育目的而投入相關的設計，許多嚴肅遊戲也變得很有趣味。然而，學科的對應性還是較難解決，要為每一種學習領域及每一個學習單元找到適用的遊戲，是相當困難的事情。在本書第八章的遊戲菜單，將列出一些筆者覺得有趣且能與學科做關聯的遊戲，供讀者作為參考。

在教學現場中，許多教師也認為要找對應學科學習內容的遊戲是有困難的，特別是特殊孩子的能力與學習方式差異性大，相較於一般生，他們要去使用市面上的教育遊戲又更加有挑戰性。因此，這些老師更傾向自行設計簡單的遊戲或是改編現有的桌遊，以符合其教學目的。下面有一個案例即是以現有桌遊機制發想，融入數學學習內容的桌遊製作，可供讀者參考，若對這些遊戲的玩法有興趣，可參見其附注文獻。

案例：小彤老師的自製數學桌遊

小彤老師在實驗中學擔任數學科任教師，她喜歡以遊戲化的方式進行數學教學，讓孩子能在寓教於樂的情況下學習。由於對應國中數學學習內容的遊戲甚少，因此她經常參考或改編現有桌遊來製作用於課堂中的遊戲。像是參考《UNO》的遊戲規則，設計出結合國中數學主題「三角形的外心、內心與重心」之桌遊；以撲克牌遊戲心臟病與《醜娃娃》為靈感，設計幫助學生熟記與直角三角形三邊比相關數字的《RT 心臟病》(直角三角形英文為 right triangle)；參考《Dots》設計提升學生根式運算熟悉度的遊戲《根我一起算》。小彤老師運用這些遊戲為兩個班級的孩子們進行了為期六週的遊戲式學習課程，結果顯示能有效提升學生的數學學習成就，更重要的是，孩子的學習動機高，且事後的訪談都表示喜歡這樣的上課方式。[14]

案例：語言治療師將桌遊活用於孩子的學習中

佳儀是一位語言治療師，她常用《捕蟲仔》來跟孩子練習音韻概念或是識字。她將遊戲中的骰子每一面貼上不同的注音符號，昆蟲配件則貼上不同詞彙。並將遊戲方式改為，丟

出骰子是哪一個注音,就去抓含有該注音的詞彙蟲;若是識字練習,會把骰子貼上不同部首,昆蟲配件代表不同生字,看骰子丟出哪一個部首,就去抓含有該部首的蟲。

佳儀治療師通常會先讓孩子依循原本的規則玩幾次,引起孩子對該遊戲的興趣後,再改成上述的應用玩法。目的是讓孩子提高學習動機及參與意願,因為許多有讀寫困難的孩子,一遇到上課或練習,就很容易因壓力而排斥。她認為,好玩的遊戲是開啟療育課程的第一步,後續的學習才能順利進行。

重點提示 ———

· 學習障礙的孩子使用桌遊可以提高學習動機與練習學習策略。
· 在教學者適當的引導下,能增進孩子的自信心與價值。
· 對應學科的桌遊較少,教學者可因應需求自製或改編學科內容相關的遊戲。

14. 魏語彤(2023)。遊戲式學習對國中生數學學習成效與動機之影響(碩士論文)。國立臺北教育大學。

智能障礙

和智能障礙的孩子一起玩桌遊

　　在特殊教育中，智能障礙是指個人的智能發展較同年齡者明顯遲緩，且在學習與生活適應上有困難者，透過智力測驗的鑑定，測驗結果低於平均數 2 個標準差。智能障礙的孩子適合玩桌遊嗎？若孩子能在玩桌遊中得到樂趣，那當然適合。不論智能障礙的程度有多重，只要孩子喜歡玩，便是一個很好的著力點，能讓教學者有寓教於樂的機會。

　　一般說來，中度和輕度智能障礙的孩子通常能理解玩桌遊的趣味，並能樂在其中；相對地，重度與極重度的孩子在玩遊戲上可能較有限制，因為在玩遊戲時須具備許多認知技能，並且要能理解輸贏與競賽的概念，而障礙較重的孩子在這些環節上經常會面臨很大的挑戰。

　　不過有時候玩遊戲是一種氣氛，有的孩子可能無法全盤理解桌遊的趣味，卻能受到其他孩子遊玩時的歡樂氣氛感染，透過部分參與遊戲，仍然很有意義。這也是差異化教學的精神體現，每個學習者是獨特的，有著各自的參與方式（有的需要協助、有的需要提示）與學習目標，但能一起參與相同的教學活動，進行適性的學習。

根據認知能力與遊戲適用年齡來選擇遊戲

在為小學階段智能障礙孩子選擇桌遊時，可以參考遊戲盒子上所標示的年齡來做決定。遊戲上所標示的年齡越高，就意味著這遊戲需要的認知能力越高。若以「孩子大略能理解規則與進行遊戲」的標準來看，智能障礙的程度與遊戲標示年齡的對應可整理如下表。

第一列中，智能障礙重度的孩子在選用桌遊的時候可以選 2 至 3 歲的桌遊，而 4 至 5 歲的遊戲會太困難。第二列裡，中度智能障礙的孩子也可以選用 2 至 3 歲的桌遊；當選用 4 至 5 歲的桌遊，需要調整或協助，例如簡化或步驟提醒。第三列中，輕度智能障礙的孩子在使用遊戲時，4 至 5 歲的遊戲是適合的；若經常玩遊戲或認知能力較佳，則可以考慮使用標示 6+ 的遊戲，但可能在遊戲過程中還是需要調整或協助，特別是步驟程序較多的遊戲。標示 7+ 以上的遊戲，對於智能障礙的孩子有一定的困難度，使用以前應先評估可行性。

若其他障礙類別的孩子伴隨有智能方面的問題，那麼根據智力測驗的結果也可以參用此表。在此需要提醒一點，由於特殊需求學生的個別差異相當大，所以此表僅供教學者方便參考之用。此外，玩低於自己年齡的遊戲並不奇怪，因為年齡的標示只是出版公司的建議使用年齡。有些幼兒遊戲即便是成年人也覺得相當好玩。若孩子缺少玩桌遊的經驗，建議可以先從較低齡的遊戲開始嘗試。

小學階段 智能障礙學生	可能 安置班型	對應桌遊 適用年齡	遊戲舉例
重度 （IQ：25 至 39 分）	集中式特教班	2 至 3 歲 需要調整或協助	第一個果園、獨角獸莉莉、長長長頸鹿、小小釣魚手、龜殼大風吹、捕蟲仔、小羊躲妙妙、平衡仙人掌、蛇梯棋
中度 （IQ：40 至 54 分）	集中式特教班 ／資源班*	2 至 3 歲	
		4 至 5 歲 需要調整或協助	拔毛運動會、抓鬼大隊、起司天堂、蹦蹦蛙、蛇梯棋
輕度 （IQ：55 至 69 分）	資源班	4 至 5 歲	龍的寶物、髒小豬、抓得妙、搖搖蘋果樹、魔法照路
		6 歲以上 需要調整或協助	

*孩子平時於普通班就讀，部分課程抽離到資源班。

表 3　智能障礙的程度與遊戲標示年齡的對應

在上表中，2 至 3 歲的桌遊（通常標示 2+、3+）幾乎是桌遊適用年紀的最小族群，這個階段的孩子正處於平行遊戲到聯合遊戲的時期，剛開始出現社會性的遊戲，能聚在一起玩遊戲，但不會有太大的競爭。此時在認知方面開始學習顏色與形狀的配對。3 至 4 歲會漸漸具備簡單的點數能力，可以進行丟骰子後依數字走格子。玩這些遊戲可以學習簡單的認知概念，以及玩桌遊的規

則,像是輪流等待、丟骰與勝負概念等。

　　4 至 5 歲的桌遊（通常標示 4+、5+）是幼兒遊戲的主要目標族群,這階段的孩子開始能理解較為複雜的規則,也能懂得遊戲中的競爭與合作。他們開始可以在遊戲中展現記憶力、與同伴合作、簡單的推理、表達意見、做決定等。也因此這個年段的遊戲無論在規則與認知技能的需求,都明顯比 2 至 3 歲的遊戲難上許多,讀者可以試玩表中「遊戲舉例」內的遊戲並做比較,就可以體會其中的差異。這些遊戲對於中度智能障礙的孩子來說有點挑戰性,但在教學者的適性調整下,孩子應能學會如何進行遊戲並感受遊戲的樂趣（像是拔毛運動會中不要把 12 種圖案都用下去,可嘗試使用一半,讓難度簡化）。另外,4 至 5 歲的兒童遊戲如果設計得有趣,對於輕度障礙與一般孩子,甚至成年人來說,都相當好玩,像是《起司天堂》、《抓鬼大隊》。

　　標示 6 歲以上的桌遊（通常標示 6+）,也屬於兒童遊戲的範疇,但遊戲會更加複雜。例如同樣是記憶遊戲類型的《龍的寶物》,就比 4+ 的《拔毛運動會》複雜許多,除了記憶,還加入賭運氣的機制（就如 10 點半、21 點撲克牌遊戲,玩家可以決定是否承擔風險繼續翻牌）。6 歲以上的遊戲通常有著較多的變化性及步驟,因此要教輕度智能障礙的孩子玩這些遊戲是相當具有挑戰性的,需要教學者進行簡化調整,並在耐心教導下多玩幾次才能理解。

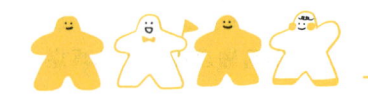

根據學習需求選擇遊戲

　　智能障礙的孩子除了認知上的學習需求，也會因為各自的獨特性與家庭成長環境，衍生出各式各樣的學習需求，如情緒、社會技巧、語言溝通、動作能力、生活管理與娛樂需求等方面。而為智能障礙的孩子選遊戲時，通常可以先考量其認知能力，再根據各自的需求來進行遊戲的選擇，第四章與第八章可以作為參考。

教智能障礙的孩子玩桌遊

　　智能障礙的孩子在認知能力上有些許限制，像是短期記憶力較弱、注意力較不集中、反應能力較慢、對於抽象事物的理解較弱、學習類化能力較弱等，因此學習桌遊的速度會比一般孩子慢，但這不代表孩子無法學會。選擇適當的遊戲，耐心教導規則與適性調整，多玩幾次後，孩子便能熟練這些遊戲。

　　智能障礙的孩子學習較慢，建議可以多花點時間讓孩子充分體會一款遊戲的樂趣後，再來玩新的東西；要是孩子很喜歡某款遊戲，重複多玩幾次也是很好的。教學者可以利用工作分析法，將一個遊戲的規則拆開來，先玩最簡單的規則，等熟悉後再慢慢把其他的規則加進來，逐步增加遊戲的複雜性。

　　智能障礙的孩子反應速度比較慢，在玩競速類的遊戲上可以有所調整，透過調整勝利條件，讓每個孩子都可以有成就感，能增進孩子持續玩下去的動機。比如《快手疊杯》中，要將五種顏色

的杯子按照圖片順序擺放，先擺好的玩家要搶著拍鈴鐺，若是智能障礙的孩子總是比別的孩子慢，每次都輸，很容易就失去興趣了。教學者可以改成只要有將杯子正確排放的孩子都可以去拍鈴鐺，第一名的孩子拿兩分，其他孩子拿一分。如此每位孩子都能得到分數，得到正向的增強；而第一個完成的孩子可以得到額外的獎賞，也維持了原來的遊戲公平性。

智能障礙的孩子在抽象思考的部分比較弱，所以在遊戲的學習與理解上，需要「動手操作」才容易學。教學者應避免一直用口語講述規則，因為孩子的思考難以跟上，講解時須輔以實際遊戲動作的示範，並讓孩子立刻練習實作，確認一個步驟了解後，再繼續下去。透過實際操作與工作分析，能幫助孩子學習遊戲規則。

綜合上述，認知方面的困難其實也會出現在不同障礙類別的孩子身上，因此這裡講述的原則是通用的，屬於特殊教育中較為普遍性的做法，教導較年幼的孩子也可以使用。

案例：從遊戲啟發小巴的勝負心

小巴是一位 11 歲的唐氏症孩子，有中度的智能障礙，就讀於集中式特教班。圈圈老師會帶著班上的孩子玩一些簡單

的桌遊，像是《拔毛運動會》、《蹦蹦蛙》或《獨角獸莉莉》、《小羊躲妙妙》。小巴的個性溫和，對輸贏沒有太大的感覺。有一次圈圈老師意外發現小巴在遊戲後搗住臉，當手拿開時，小巴的臉上掛著兩行清淚。這才發現，原來在一段時日的遊戲活動後，啟發了小巴玩桌遊的勝負心。圈圈老師覺得這是一件好事，因為對勝負開始有感覺，小巴在玩遊戲時更為積極。這樣的勝負心也會出現在平時其他的學習活動之中，當出現略有競爭感的情境時，小巴的表現都比以前積極許多。

重點提示
- 中度和輕度智能障礙的孩子通常能理解玩桌遊的趣味，但個別差異還是存在，若是孩子喜歡玩，仍建議可以多多嘗試。
- 可以根據孩子認知能力的程度與遊戲適用年齡來選擇遊戲。
- 教智能障礙的孩子玩桌遊要有耐心，並進行適性的調整。

發展遲緩

在特殊教育的法規中，發展遲緩是指未滿 6 歲的孩子，在認知、動作、溝通、社會情緒或生活自理能力等方面之發展較同年齡者顯著遲緩，且其障礙類別無法確定者。因此，幼兒期間若障

礙狀況尚未明確，但又有顯著落後時，就可能會被判定為發展遲緩。目前在國內的做法上，除非障礙的特徵相當明顯（如視覺障礙、聽覺障礙、肢體障礙或腦性麻痺等），不然在幼兒時期的障礙類別判定上多給予發展遲緩這個類別。

發展遲緩兒童的遊戲選擇

嬰幼兒階段是發展的黃金時期，對孩子來說，這段時間很重要，因為此時可塑性高，早期介入的成效會更好。由於障礙類別未定，發展遲緩的狀況呈現多元樣貌，所以為發展遲緩兒童選擇桌遊時，必須考量孩子個別的學習需求。孩子在哪個領域落後？是社會、認知、語言、情緒或動作領域有所需求？確定學習需求後，再去了解桌遊的玩法與功用，然後以桌遊來進行相關的教學／療育活動。本書中的第四章有各類能力與桌遊使用上的建議，並搭配第八章的遊戲清單，可以給讀者大略的方向。

由於發展遲緩兒童的年紀多在 6 歲以下，通常不會為他們選擇超齡的遊戲。選擇遊戲時須考量其認知能力，選擇簡單易學的遊戲，讓孩子累積遊戲經驗並了解玩桌遊的規則與秩序後，再開始嘗試較難的遊戲。

遊戲的選擇可以根據孩子發展遲緩的領域，如社會、認知、語言、情緒或動作領域等，來找出相對應的桌遊，可參考第八章內低於 6 歲的推薦遊戲。有一些專門的出版公司在製作幼兒遊

戲上相當到位，對於兒童發展的掌握和適用年齡的估算都相當精確，配件的質感與操作性皆佳，可供遊戲選購時做參考，如HABA、Zoch Verlag、Drei Magier Spiele 等。若是至國內的代理商網頁搜尋遊戲，通常也會清楚標示使用年齡。

對於發展遲緩兒童來說，在選擇桌遊時要注意遊戲配件中是否有小物件，或是一些小物件的黏接是否牢固，如果鬆脫可能會造成危險，因為孩子常常會將小東西往自己身上的洞裡塞，像是：嘴、鼻孔、耳朵等，其實不僅幼兒，曾經也有國小高年級的自閉症學生將黏土塞進自己耳朵的案例。所以使用桌遊前，教學者應確保這些配件的安全性，以免發生不必要的危險。同時也應積極教導孩子在遊戲過程中的安全意識，像是安全合宜地使用桌遊或玩具。

發展遲緩兒童的遊戲教學

教幼兒玩桌遊時，會需要較多的耐心去講解規則和維持秩序。因此建議在教學前，團體規範要先清楚說明，教學時也盡量採用「邊玩邊學」的方式進行，減少遊戲開始前的認知負荷。邊玩邊學也是比較自然直覺的方式，而幼兒遊戲規則通常也較為簡短，很適合這樣做。此外，有位桌遊教學經驗豐富的集中式特幼班老師告訴筆者，她會以畫圖與寫步驟的方式讓孩子了解怎麼玩，透過這樣的視覺提示，孩子比較知道如何進行遊戲。等他們

漸漸熟悉該款遊戲後，這些視覺線索就可以逐漸撤除。

桌遊是幼兒園學習區中的融合小幫手

　　對幼兒園的孩子來說，從實作和玩樂中可以學習到很多技能。在小學及以上的階段，在教室中使用桌遊，會需要與課程目標結合；而對於學齡前的環境，教學者使用桌遊就比較不會受課程進度所限制。有許多幼兒園會採用學習區教學，在教室中設立「桌遊區」、「下棋區」等，讓孩子在學習區時間可以在該區域玩桌遊。

　　由於許多發展遲緩的孩子也就讀於普通幼兒園中，筆者曾經與特教巡迴輔導教師入班，在學習區時間時，看到老師帶著班上一位發展遲緩的孩子和其他孩子一起玩桌遊，老師依照孩子的能力將桌遊調整得略為簡單一些，而其他孩子也相當投入。對於特教巡迴輔導老師來說，能進入班級中進行融合的教學活動，遠比將孩子抽離到一旁進行單獨的教學更加貼近孩子自然的情境。這樣既能觀察到孩子與其他同儕的互動，也能在桌遊活動中為孩子搭起友誼的橋梁，創造融合的氛圍環境。

　　曾有幼教老師告訴我，學習區時間裡，班上已經會玩桌遊的大孩子，會主動邀請其他還不會玩的孩子一起玩，他們通常會花一點時間討論要玩什麼遊戲。由於孩子們的喜好不同，說服彼此與妥協的畫面相當有趣。桌遊放置於幼兒園的學習區中，可以形

成一種社交互動的契機與推力,引發孩子們表現出主動邀請、討論、妥協、帶領與解說等行為。同時,桌遊的玩法性質也與其他學習區活動有較大的差異,是一種「多人遵守既定規則的競賽」,與其他多數著重在操作(如積木、美勞、拼圖)與認知(數數、閱讀、書寫)的學習區,在互動方式上有所不同,能帶給學習區教學更多元的社會互動方式。

將桌遊作為家庭的日常作息活動

學齡以前的孩子,生活重心在家庭之中,照顧者陪伴孩子的時光是很重要的。在國外的家庭中,常常會於每週選一個晚上作為遊戲夜(the game night),讓家庭成員一起玩桌遊,作為娛樂與聯繫情感之用。少子化的社會中,也可以將這樣的活動擴及到親友鄰居的家庭,邀請更多人來參與。當這這樣的活動成為固定安排之後,對家庭的情感維繫也很有幫助。

家庭遊戲之夜可以為家人創造美好的回憶,以一種趣味的方式將家人團結在一起。透過桌遊,可以教導孩子許多技能,像是解決問題、記憶力或空間概念等認知能力;遊戲中也需要用到語言溝通的技巧,對於表達、傾聽與合作都是很好的練習;在遊戲時,照顧者也在無形中傳遞自己的價值觀給孩子;遊戲中的勝負經驗也是孩子學習運動家精神的好機會,像是如何謙虛感恩地接受勝利,以及體面地處理遊戲中的失敗。透過每週一次的遊戲

夜，也可以讓自己與孩子遠離電子產品。尤其在現代，大大小小的活動及空檔時間，無不充斥著電視、電腦、手機和平板等電子產品。多年後，這樣的遊戲之夜活動也能成為家庭傳統，成為孩子童年時的重要回憶。

> ### 案例：發展遲緩兒童的專注力練習[15]
>
> 　　小力就讀幼兒園大班，有發展遲緩的診斷證明。他有嚴重的分心過動問題，像是不專注與衝動。他對於有興趣的活動會主動接觸，但不持久；有人說話時，他會分心玩弄手指頭、水壺蓋子、拉他人的衣服；當有人糾正他的行為時，他就會很生氣地罵別人「亂講話」，有時還會出手打人。以上顯示小力較無法控制衝動行為，也缺乏注意力。
>
> 　　小鈺老師為了幫助小力提升專注力，設計了兩類活動，每次活動時間為 40 分鐘，第一類是幼兒園中經常見到的「著色畫」與「串珠」，這類活動並沒有桌遊的規則與結構；第二類是玩《企鵝敲冰樂》、《抓鬼大隊》等兩款桌遊。（注：企鵝

15.　江景鈺（2020）。桌上遊戲結合社會技巧教學對發展遲緩幼兒社會互動行為影響之研究（碩士論文）。國立臺北教育大學。

敲冰塊是要小心敲冰塊的操作型遊戲，可以訓練孩子衝動控制；而抓鬼大隊是要輪流等待的記憶力遊戲，非競速類遊戲，又需要思考，可用來做持續性注意力的練習。詳見第八章。）

小鈺老師的兩類活動都希望幫助小力提升注意力與減少衝動，同時也想比較兩類活動的效果差異，以作為之後課程規畫的方向。總共進行了 11 次活動，先進行 4 次著色和串珠，接下來 4 次是玩桌遊，再來 3 次是著色和串珠（本來要再玩 3 次桌遊，但因當時疫情爆發而停課，無法繼續遊玩）。

在每次活動開始前 10 分鐘，小鈺老師會先和孩子一起複習活動規則，討論遊戲過程中應遵守的規則與規範。並引導孩子說出在遊戲過程中要專心，討論如何才能專心。當這些教學工作都完成後，孩子就會開始玩遊戲。遊戲後，小鈺老師會帶著孩子分享自己與他人的表現，並且討論遊戲中發生的事件，然後引導孩子思考如何在遊戲中更加專注。

經過這段時間的教學，從行為紀錄中發現小力的專注力在玩桌遊時明顯高於串珠與著色。桌遊專注的時間約占遊戲時間的 88% 至 92%，而串珠與著色則在 14% 至 32%，有相當大的差異。此外，與小力的導師訪談時，老師說：

「小力實在進步許多，有發現只要先跟他說明規則步驟，他玩了幾次之後就可以開始自己操作，而且可以專心玩一段時間。」

> 「他之前都會搶著要排隊排第一個……稍微跟他說一下，他就知道要好好排隊等別人。」
>
> 媽媽則是分享一段趣事：「……他只要上完桌上遊戲的課，回來都會一直講有多好玩！還說和同學一起完成了抓鬼任務，媽媽我都快嚇死了，原來是遊戲的故事情節啊！」
>
> 經過這段時間的教學後，小鈺老師也更確定桌遊比之串珠與著色，更適合給孩子作為練習注意力的教材。

重點提示

- 發展遲緩的狀況是多樣化的，使用桌遊應考量孩子的需求，可參見第四章中各類能力與使用建議。
- 選擇適齡遊戲，並注意配件的安全性，參見第八章中學齡前的桌遊。
- 發展遲緩的孩子年紀較小，遊戲教學可採邊玩邊學的方式進行，並輔以圖示與步驟的視覺提示。
- 桌遊可用於幼兒園的學習區中，有利於進行融合活動。
- 學齡前孩子有許多時間在家庭中，桌遊可作為家庭活動之一，可增進家庭情感與孩子的發展。

視覺障礙

　　特殊教育中的視覺障礙是指優眼經最佳矯正後（如戴眼鏡、開刀），視力或視野仍有嚴重的限制，因此單純的近視不能算是特殊教育的對象。視覺障礙的孩子可能有不同程度的視覺限制，像是視力模糊、眼球震顫、視野缺損等問題，而最嚴重的則是全盲。孩子在玩遊戲時，可能會發生以下的狀況：在手眼協調方面的遊戲表現較弱；看不清楚遊戲中的文字；找不到配件或圖版上的位置；圖案與顏色難以辨別；眼睛疲勞，無法持久遊戲；無法辨認其他玩家的表情等。玩桌遊其實是頗為依賴視覺能力的活動，但透過物理環境的調整，以及教學者耐心的引導，視覺障礙的孩子也能夠和大家一起歡樂地玩遊戲。

充足的光線來源

　　對於視障孩子而言，玩桌遊最大的挑戰就是以視覺接收資訊。因此玩遊戲的環境要光源充足，才能幫助視力較弱的孩子看清楚桌上的資訊。同時也應該注意光源的方向，不要讓遊戲被陰影擋住。可以提供工作燈或書桌燈來協助孩子看清楚遊戲圖版與卡牌。

遊戲配件的調整

　　遊玩前，教學者應留心遊戲配件的顏色、形狀與圖案，確認

孩子是否容易辨別。有些遊戲在這方面的設計很貼心，像是《鐵道任務》中的車票卡牌有許多顏色，每個顏色皆對應一種形狀與車型，對於顏色分辨感到困難的孩子就可透過形狀來分辨。

如果發現遊戲中的訊息不好分辨，教學者可以重新製作標示、記號或放大字體。比如遊戲中有數種不同顏色的方塊，但孩子無法清楚分辨顏色，老師可以將方塊貼上不同形狀或不同材質的貼紙，這樣孩子就可以透過多重線索來分辨配件，克服無法分辨顏色的限制。

教學者亦可提供觸覺線索來輔助孩子進行遊戲，比如《卡卡頌》的板塊上具有路與城堡的圖案，教學者可將原圖複印在厚紙板上，然後剪下再貼到遊戲板塊上，形成立體的城堡圖案，視障孩子便可透過觸摸來確認遊戲配件的內容。同理，《蛇梯棋》的格子邊界可以做溝槽、格子內的編號打上點字、蛇與梯做成立體可觸摸式的，如此皆能輔助孩子進行遊戲。

桌面配置的注意事項

和視覺障礙的孩子一起玩桌遊時，應讓孩子坐在遊戲圖版的中央位置，當孩子看向遊戲時，其遊戲內的文字、圖示或符號應是正向的，而非上下顛倒。當孩子在遊戲中央位置時，離遊戲較近，會比較有參與感，查看各處資訊會比較方便，聽規則說明時也會比較容易。因為教學者通常會一邊說，一邊指向各種配件做

解釋，坐在中間會看得比較清楚。另外，應避免在複雜圖案的桌面上玩遊戲，以減少孩子視覺上的干擾，才能更容易聚焦在遊戲資訊上。

在遊戲進行時，孩子會需要比較大的桌面，因為他們可能會將手上的卡牌攤開來排放，以方便搜尋。然而有些遊戲的手牌是保密的資訊，不宜攤開讓其他玩家看到，建議可以使用牌架，兼具保密和一目了然的效果（如《拉密數字牌》、《實話實說》中的牌架）。

教學需要清楚的描述與示範

教學者在說明遊戲規則時，應該要將遊戲中的詞彙做清楚的定義，並同時示範讓孩子看到詞彙所指的是什麼物件、代表什麼意思；每個動作該如何進行，會將配件移動到何處，會發生什麼事情等。因為視覺的限制，關於遊戲中的方向、配件位置、文字圖示等訊息都要很明確。一般人玩遊戲，在解釋規則時，有時講得很快，隨手一指桌上圖示，以「這個」、「那個」來指稱遊戲中的配件，而非使用遊戲中的詞彙，這樣會讓視障孩子學得很痛苦。舉例來說，解說《卡卡頌》時：

・清楚的範例
「當從左手邊的牌堆中翻開一片新的板塊時，你會看到上面

有路、城堡或教堂。」（帶著孩子觸摸到左邊的牌堆，然後引導孩子翻起一片板塊，並讓孩子看，問他看到了什麼圖案。）

「然後，我們將手上這片新的板塊，和原來桌上的板塊相連接。連接的時候，路對路、城堡對城堡……」（一邊說，一邊示範，然後確認孩子是否有看清楚。）

・**模糊的範例**

「當翻開一片新的板塊時，上面有一些圖案，把這些圖案和之前相同的圖案拼在一起就可以了。」（用手指桌面上，但未將板塊交給孩子近距離觀看，且未做確認。）

在遊戲時，教學者應有耐心地提供較充足的時間讓視障孩子思考與反應，因為視覺的限制會使孩子花費更多的精力來玩遊戲，相較於一般同儕，除了思考，他們還要將精神花在資訊的搜尋與確認上，勢必會耗費更多時間。透過各種調整，能讓視覺障礙的孩子玩起遊戲來更加容易。不過有時孩子玩桌遊仍需要他人協助，在獨立遊戲之前，可以透過分組方式讓其他同儕和視障孩子一隊，一起進行遊戲。

遊戲過程的放聲描述

對於視覺障礙的孩子而言，若有人描述遊戲正在發生的事

情,他們可以根據描述內容來做思考,而不用每一件事情都靠視覺去確認,這樣能讓他們玩起來比較沒有壓力。特別是全盲的孩子,更需要有人提供這樣的協助。舉例來說,玩《UNO》的時候,小灣打出一張紅色的 2,同時說出「我打紅 2」;小龔打出一張藍色的 Skip 牌,同時說:「我打藍色跳過,換小寶出牌。」透過這樣的放聲描述,可以為視覺障礙的孩子提供更多線索,孩子就不用在遊戲時一直伸手或探頭去確認大家所出的牌。教學者若帶著視障孩子與其他同儕玩時,記得要教導其他孩子也做這樣的放聲描述,如此孩子們也能學習如何與視障孩子玩遊戲。

點字遊戲配件的製作

當與全盲的孩子一起玩桌遊時,教學者必須在桌遊配件上加入點字,這樣孩子可以透過摸讀,了解遊戲的內容資訊。點字是盲人使用的文字,由布萊爾(Louis Braille)所發明,是由不同組合的凸點所組成的文字。製作點字遊戲配件時,可以使用點字打字機直接在遊戲卡牌上面打字。此外,也可以將點字打印在透明膠膜上,然後再將透明膠膜貼在卡牌、牌套或配件上,這樣可以克服木頭或塑膠配件無法使用點字打字機做記號的狀況。

點字的內容要描述卡牌的顏色、圖案與文字敘述等細節,那些被一般人視為理所當然的視覺線索都需要透過點字加以描述,例如某張牌是黃色的 6,點字內容就應該寫「黃 6」,而不能只打

「6」。有些圖案為主的遊戲《說書人》、《天生絕配》，可以利用描述圖案的方式，將內容用點字打在遊戲卡上。

對於全盲的孩子而言，在玩某些遊戲時，若有人在旁邊協助說明卡牌內容，那其他玩家就會知道他手上有什麼東西，會大大減低遊戲的趣味性。就好比打麻將時，有人幫你把牌的內容都說出來，其他人聽到後，你就很難胡牌，這樣遊戲就不好玩了。因此，透過點字的使用，能讓孩子獨立進行遊戲，有權利享受和大家相同的樂趣。

配件的穩定度

玩桌遊時，會有許多配件放置在桌上，然而視障孩子有時必須透過觸摸才能知道這些配件的位置，而在嘗試的過程中，不免會碰撞到其他東西。玩過桌遊的讀者都知道，玩到一半時，桌面上的配件被弄亂，是一件讓人困擾的事情，因為可能會造成遊戲中斷無法回溯。因此，和視障孩子玩桌遊時，配件能否穩定地固定在桌面上，是很重要的一件事情。

配件能固定在桌上，孩子才能放心地自由觸摸，探索遊戲中的每一個細節。

有些公司特別將傳統桌遊製作成適合視障者遊玩的樣式，像是西洋棋的棋子下方有卡榫可以將棋子固定於盤面上；象棋的每個空格都做成凹槽，可以置放棋子。除此之外，比較方便的做法

可以透過使用摩擦力較大的桌布、止滑墊、魔鬼氈或磁力片等方式來固定遊戲配件。

遊戲的選擇

　　幼兒遊戲中，有不少是透過觸覺來感知的遊戲，這些對於視障孩子來說應該是可以順利遊玩，但年紀大的孩子可能會不感興趣。有些公司專為視障者製作遊戲，如《UNO》點字版、點字撲克牌、有凹槽的象棋與西洋棋，或日本出版的聽音遊戲《阿拉伯陶壺》，但這種專門設計的遊戲著實不多，也不易購買。所以和視障孩子玩桌遊時，還是需要仰賴教學者的事前準備，需要思考經調整後孩子是否能順利遊玩。有些遊戲很好調整，有些遊戲可能會花上許多工夫。

　　為全盲的孩子製作點字桌遊，需要花費許多時間與心力，如果短時間內就必須進行遊戲，建議可以避免必須運用視覺檢視桌面資訊的遊戲，如《卡卡頌》、《瓢蟲彩妝宴》、《輕鬆放》之類的遊戲。此時可以使用卡牌選擇或語言敘述為主的遊戲，如《說書人》、《天生絕配》、《同感2.0》、《狼人殺》、《從前從前》等，這些遊戲的卡牌經他人為孩子做描述後，若孩子記憶力不差，大致上都可以一起玩。

案例：選擇適合全盲學生參與的遊戲

小馬是位全盲的學生，平時要靠點字來閱讀。有一次阿寶老師想帶班上玩桌遊，但一時之間沒辦法把遊戲點字化，所以帶了《天生絕配》和《說書人》，因為老師估計這些遊戲經描述後，小馬應該可以順利進行。

《天生絕配》開始時，先由老師一張一張為小馬進行牌面的敘述，然後小馬會告訴老師他要挑出哪些牌。結果選出來和他的夥伴竟然還滿相似的，讓小馬本人和同學都感到相當興奮，老師自己也覺得相當有趣。因為老師本來點擔心小馬用「敘述」的理解會和夥伴「視覺」的理解相差很大，結果卻很相近。

接著進行《說書人》時，這次先請一位同學為小馬讀出他的手牌，為了怕大家都知道小馬的手牌，所以她們先到教室的角落去進行，而小馬記憶力甚好，每一回合僅需要為他再讀新手牌就可以了。之後老師安排每位同學輪流為小馬讀出桌面上的牌，使每位同學都可以和小馬互動。在數十分鐘的遊戲後，小馬感到相當開心，同學也藉此難得的機會了解如何與視障者一起玩桌遊。

> **重點提示**
> - 與視覺障礙的孩子玩桌遊時，應有充足光源、容易辨別的配件、桌面文字朝著孩子、選用素色無圖案之桌面與座位安排在中間等。
> - 遊戲教學時需要清楚的描述與示範。
> - 每位玩家在進行遊戲時，透過放聲描述，有助於視障孩子接收資訊。
> - 製作具有點字的遊戲配件。
> - 增加配件的穩定性，可防止孩子觸摸探索時不小心移動到配件而無法回溯遊戲局面。
> - 若無點字的情況下，使用不須檢視桌面資訊的遊戲會比較容易上手。

聽覺障礙

聽覺障礙的孩子因為聽力損失，會影響他參與活動和學習。有些聽覺障礙的孩子會使用助聽器或人工電子耳，透過這些輔具的協助能幫助孩子學習和生活。雖然配戴這些輔具後，聽力的狀況會有改善，但不一定能達到一般人的聽力程度，仍會有些限制，因此教學者要多加留意。

聽力的損失會使孩子聽不清楚、聽不到或漏聽話語的內容，也容易忽略掉環境中的訊息和聲音。因此玩桌遊時，孩子可能在規則學習上會慢一點，有時會漏聽一些細節，但由於桌遊的遊玩仰賴規則與視覺線索，若非需要大量交談的遊戲，耐心引導後，孩子玩起來通常不會有太大的困難。而在教導具有聽覺障礙的孩子玩遊戲時，我們可以把握下列原則，讓遊戲進行得更加順利。

視覺線索的輔助

對於聽覺障礙的孩子來說，他們的視覺是其相對優勢的能力，因此在講解遊戲規則時應提供視覺線索的輔助說明。解說時，透過同步展示遊戲中的配件、圖卡與流程等範例，可以讓孩子更迅速、輕鬆地理解遊戲。

適切語速的調整

使用清晰的口語與適當的語速，避免模糊不清或快速說話，以確保孩子能夠清楚地理解遊戲規則和指示。必要時將語速放慢，放慢的標準須視孩子理解的程度來調整。由於孩子的聽覺系統受損，需要更多時間來處理聽到的聲音訊息，如果語速過快，他們可能無法完整地理解句子的內容，導致溝通困難。適當控制語速可以幫助孩子更好地理解對話內容，促進溝通與互動。

遠距麥克風聽覺輔具的使用

　　玩桌遊的過程中，孩子時常會有你來我往且令人應接不暇的對話，因此現場總是充滿著歡樂且熱鬧的氣氛。然而，這樣的環境對於聽障孩子而言卻是一大挑戰，因為他們在噪音中更難以聽清楚訊息，助聽器會將所有的聲音都放大，使聆聽訊息變得十分費力。

　　在這樣的情況下，若能運用遠距麥克風聽覺輔具，將會大大改善這個問題。遠距麥克風聽覺輔具也常被稱為 FM 調頻系統，說話者會配戴一個發射器，而孩子會配戴有接收器的助聽器或電子耳，說話者以無線方式將聲音傳送到個人助聽器或電子耳上，這樣一來，說話者的聲音就能夠穿透環境中的噪音，更清晰地傳遞到孩子耳中。

遊戲的選擇

　　一般來說，為了讓聽障孩子能和其他孩子一樣地進行遊戲，我們會選擇簡單易懂且較不依賴聽覺的遊戲。但是當聽障孩子配戴輔具後，加上視覺線索的調整與教學者的支持，還是能和同儕一起遊玩需要用到大量聽覺的遊戲，如《從前從前》是個故事接龍遊戲，要聆聽別人所說的故事，也要自己說故事；《蘇格蘭警場》則是需要討論的合作遊戲。遊戲選擇還是應保持鷹架理論的思維，藉遊戲的趣味性讓孩子稍微走出舒適圈，選擇有一點挑戰

的遊戲，才能讓孩子練習自己較弱的能力。

此外，有個研究讓四名聽損的孩子玩 10 套不同的桌遊，觀察他們在不同遊戲上的注意力、社會技巧和口語表達方面的差異。[16] 結果發現，有趣的遊戲通常都能引起孩子的注意，而社會技巧與口語能力則因為遊戲而有不同的差異表現。

像是《拔毛運動會》雖然是競爭的遊戲，但孩子會因為彼此相助而產生許多社會互動；《估估劃劃兒童版》中，因為遊戲機制需要口語描述，所以孩子會有許多口語表達機會；而遊玩《起司天堂》的過程中，竟有著出乎研究者意料的反應，她發現由於孩子相當喜歡該遊戲，所以不斷地表達自己的想法和目標，並對於骰子結果的好壞有許多想表達的意見，因此形成大量口語表達的結果。

從這研究中，我們可以得知，為孩子選擇遊戲時，除了從玩法與機制來思考，往往還需經過真實的嘗試，才會找到適用的遊戲。

---

16. 陳柔彣（2025）。聽損兒童參與桌上遊戲之行為表現觀察研究（碩士論文）。國立臺北教育大學。

友善聽能環境的創造

　　確保遊戲場地的環境相對安靜，減少干擾和雜音，以幫助孩子更好地專注和參與遊戲。孩子一起玩桌遊時也會相當吵鬧，可以教導其他孩子降低音量以協助聽障孩子在遊戲中能聽得清楚。

關於全聾孩子的遊戲教學

　　聽覺障礙的程度會因聽力損失的差異而有所不同，當沒有殘存聽力，無法利用助聽器或人工電子耳來接收語音時，稱之為全聾。很多全聾的孩子會學習手語，因此手語會成為他們的母語。若孩子慣用手語，教學者就須用手語進行教學，但也可配合影片、圖片等視覺線索，增進孩子對桌遊的理解程度。在教導全聾的孩子玩桌遊時，可以注意以下事項。

　　首先，全聾的孩子因為使用手語的緣故，肢體動作一般會較大，尤其與同儕溝通時。在玩桌遊的過程中，可能一不小心就會打翻桌遊或是弄亂桌上的配件，因此可以事先和孩子說明遊戲配件亂掉會無法回溯，可能會造成遊戲無法進行，所以要多加留心自己的動作。教學者可以用黏土、止滑墊等物品來降低遊戲被弄亂或打翻的可能性。

　　再來，低年級或年幼的全聾孩子因手語能力發展尚未成熟，所以受到手語辭彙的限制，教學者在講解遊戲規則時，需重複教導並輔以多次示範，來確認孩子是否有正確理解規則。當然，也

可以用手語搭配邊玩邊學的方式，以自然的方式進行遊戲的學習。

> ### 案例：聽損孩子從遊戲中練習語言與溝通技巧
>
> 　　大柔老師有 3 位就讀小學一年級的聽損學生：小藍、小黃和小綠。他們都經過特教鑑定而具有聽覺障礙的身分，平時也配戴有助聽器。大柔老師為了培養他們的聽覺和溝通能力，規畫了 5 週的桌遊課程。這週他們玩一款名為《估估劃劃兒童版》的桌遊。
>
> 　　小藍首先擔任出題者，她描述道：「這是一個圓形的東西，上面有許多數字。」但由於小藍說話聲音較小，再加上小黃重度聽損，他無法清楚聽到，便禮貌地提醒：「對不起，你能大聲一點嗎？我聽不太清楚。」這種積極的溝通反映了小黃的對話修補能力，他明確地表達了自己的需求。小藍聽到後，立刻以更大聲的音量重述了一次，這次小黃聽懂了，接著問道：「這個東西能做什麼？」小藍回答：「它可以告訴你時間。」
>
> 　　在一旁專心聽著的小綠，迅速整理推敲出答案：「是時鐘！」經過幾輪遊戲後，他們作為聽眾時都非常認真專注地聆聽出題者的描述，而當輪到他們擔任出題者時，也盡可能地提供更多的描述以便讓其他人猜到。透過這款桌遊，能夠激發聽損生內在想要「聽」的動機，同時也有助於提升他們描述物品的表達能力。當孩子成功猜對答案時，也獲得成就感與自信。

> **重點提示**
> - 教導聽覺障礙的孩子玩桌遊時，應提供充足的視覺線索與輔助說明，並注意語速要適切。
> - 教導聽覺障礙的孩子玩桌遊時，教學者可以配戴遠距麥克風聽覺輔具，如此聲音可以不受干擾地傳遞給孩子。
> - 為孩子創造友善的聽能環境，避免噪音干擾。
> - 教導全聾的孩子玩桌遊時，以手語搭配邊玩邊學的方式進行教學，也可輔以影片等視覺線索幫助理解。

語言障礙

語言障礙的孩子在語言能力上比起同年齡的孩子有顯著的落差，他們在溝通上的困難會影響社會互動和學習參與。語言障礙的狀況可能會有四種情形，第一是構音異常，孩子說話的語音會有省略、替代、添加、歪曲、聲調錯誤或含糊不清等現象；第二是嗓音異常，孩子說話的音質、音調、音量或共鳴出現問題；第三是語暢異常，即說話流暢度異常，像是迅吃或口吃的現象，影響口語溝通的效能；第四是語言發展異常，孩子的語言理解、語言表達或兩者相較於同年齡者有顯著偏差或低落。

玩桌遊會形成一種社會互動的氛圍，孩子的語言溝通會很自

然地發生。桌遊之所以會被用來訓練語言能力及溝通技巧，就是因為它能讓孩子在自然情境中學習口語表達、詞彙運用、句型語法和語用。桌遊像是一個觸發孩子說話溝通的媒介，透過其高度的趣味性，讓孩子願意參與遊戲之中而開口說話。當孩子的溝通意圖被引起時，就是教學者介入的機會。

由於單純具有語言障礙的孩子並無智能方面的問題，因此語言障礙的孩子在桌遊選擇上與一般孩子相似，並無特殊的限制，參考適用年齡即可。這時只需要考量教學者的使用目的和孩子的需求。如果使用桌遊是為了練習交談，那就須找遊玩時較會出現對話情境的遊戲，而非競速配對的反應遊戲，因為孩子會專注在找尋配對中而較少有互動。

若是要找練習詞彙運用的遊戲，許多歐式遊戲中都有豐富的情境背景供教學者延伸，像是《起司天堂》中有老鼠、貓咪和豐富的插圖可以讓孩子進行表達；若是要做特定句型語法的練習，可以選擇像是《抓鬼大隊》這種合作遊戲，當孩子彼此溝通內容時，可以練習指定句型如「我記得這張牌是OO色」；對話輪替則可以選擇使用合作或交易機制的遊戲等。關於語言障礙孩子的遊戲推薦清單，可以見第八章「語言溝通」之介紹。以下就桌遊用在語言障礙孩子教學上的數個面向做介紹。

桌遊提供練習清晰表達與發音的機會

　　語言障礙中，構音異常與嗓音異常多來自個體生理上的狀況，因為構音涉及肌肉動作的協調與控制，說話時，氣流從肺部吐出，通過聲帶，接著藉由舌頭、嘴唇、牙齒等構音器官改變氣流，產出不同語音。在這複雜的過程中，若個體的生理上有某些異常，就會造成構音與嗓音的問題。

　　對於構音發聲異常的情形，一般教學者常做的事情就是提供正確的發音例子，然後帶著孩子反覆練習。如果還是無法改善，就需要語言治療師進行協助，畢竟生理方面的問題還是須由經過專業訓練的語言治療師來處理才合適。語言治療師除了能提供直接的治療，有時也會給予教師或家長相關的活動建議與諮詢，而教師或家長可按照建議進行日常練習。

　　桌遊又能做些什麼呢？其實桌遊能提供的僅是練習機會，但也不要小看這樣的機會，因為桌遊的趣味能讓孩子耐得住性子進行反覆的練習。

　　教學者可將要練習的內容融入遊戲之中，舉例來說，孩子的舌根音「ㄍ、ㄎ」不太好，可以利用《拔毛運動會》或傳統撲克牌記憶遊戲（釣魚、對對碰），將要記憶的內容改成「ㄍ、ㄎ」有關的圖卡，如柯南、糕餅、西瓜、巧克力等圖卡，遊戲進行時，翻開圖卡後要將圖卡內容唸出來，如此孩子在遊戲過程中就會不斷練習舌根音了。也可以使用《大頭娃娃》，遊戲中，孩子會幫圖

卡的娃娃命名，當孩子發聲用到「ㄍ、ㄎ」相關的字詞時，教學者就可以檢視是否正確，錯誤時再進行引導練習。

教學者可以多多遊玩不同的桌遊，發揮自己的巧思，相信可以想到很多獨特的點子，將枯燥無味的練習變得有趣。

練習語意理解與表達

語意是指語言中的內容，如詞彙與句子。而語言發展有障礙的孩子可能會因為詞彙量太少、錯用或理解困難等狀況，導致語言表達或理解的能力低落。透過桌遊的活動，可以幫助孩子進行語意理解與表達的練習，以下提供四種練習的方式。

・增加詞彙廣度

可用以練習詞彙廣度的遊戲，需要有較多的情境內容、圖卡或文字，如《滿腦子番茄》是個圖卡記憶的遊戲，裡面有著各式各樣的農場圖卡，如農作物、農場動物、建築物等，孩子看到圖卡時，要將之前記憶的圖卡說出來，反覆進行下來，就會增加相關的詞彙量。類似的遊戲像是《龍的寶物》中有出現龍、小汽車、洋娃娃、寶藏、戒指、蠟燭等；《獅子剪髮大冒險》中有出現鱷魚、鸚鵡、猴子等動物。反之，無主題的抽象類遊戲就不適合用於進行詞彙廣度的練習，如《寶石陣》、《Blokus》。

- 練習語意整合

　　對孩子來說,把數個不同語句的意義和概念統整起來,並能明瞭或解釋其中的涵義,就是語意整合的能力。具有這樣的能力,對於口語表達是很重要的事情,因為我們的日常情境中,總是會需要聽取資訊後做整合,再說出符合情境與前後文的話。例如《驢橋》中孩子要將一組圖卡編成故事並說出來,這過程就是練習整合故事內容中的人物、事件、時間、地點、物件或因果關係等。

　　語意整合能力中,學習「預測與解釋」談話內容或情節發展也是重要的能力,可用以練習的桌遊像是《故事線》,這是一款語句填空的遊戲,遊戲中由某玩家唸一段故事後,每個人根據所聽到的故事從手中選出一張牌給這位玩家,而這位玩家再從中選擇一張喜歡的牌作為之後故事的發展。在這過程中,唸故事的玩家要先理解自己讀的內容後,根據內容來預測故事,決定故事走向;而其他玩家也有類似的處理歷程,要聽懂故事後,考量手中哪一張牌比較貼合故事情節,然後交給唸故事的孩子。遊戲的實例如下:

　　阿德:抽起一張紙牌,唸出:「很久很久以前,在遙遠的……」
　　其他孩子:從手中選一張牌,面朝下打出。

> 阿德：將牌收集起來，洗混以後翻開，共有：森林、農場、小木屋、廚房等四張牌。阿德覺得他的故事要有點神祕，而他覺得森林中常常發生奇妙的故事，所以他選擇了森林。然後他將故事再唸一遍：「很久很久以前，在遙遠的森林裡⋯⋯」
>
> 接著在其他孩子中，打出森林那張牌的孩子可以得到分數。

當孩子發展更成熟、認知能力更加提升時，這種說出填空故事的方式可能無法滿足他們，那就可以改為使用《故事製造所》。這遊戲與故事線相似，但是孩子都需要根據自己打出的卡牌延伸一段故事（這就是整合資訊後，做出預測與解釋的練習），然後所有玩家再投票選出最喜歡的故事。

除上述遊戲，《從前從前》、《故事骰》這類故事接龍的遊戲，都可在遊戲中創作一段故事，然後教學者可以帶領孩子們討論故事中的意思，幫助孩子去檢視故事中的文句與上下文的關係是否合理，讓孩子理解怎麼樣說故事會比較好。以上這些都是帶領孩子整合語意的練習。

- **擴增與練習語意網絡的運用**

語意網絡可以說是一種詞彙的聯想，以一個詞彙為中心概

念，連結出去更多相關的概念語詞。一般在練習這種能力時，會以某個詞彙為中心，將相關詞彙做分類，然後繪製一個語意網絡圖。《字字轉機》、《妙傳爆趣》、《估估劃劃兒童版》是可以練習語意網絡且簡單又刺激的遊戲，遊戲方式都是在緊迫的時間中，說出與某一類別有關的字詞。

另外有一類遊戲，則是需要玩家腦力激盪想出一個詞彙，利用這詞彙來暗示隊友猜出相關概念的其他詞彙。在這些遊戲中，出題者和猜題者都需要運用內心的語意網絡來進行，如《機密代號》、《心流密碼》、《獨家暗語》，但這幾款遊戲都稍具難度，不適合低年級的孩子。

· 比喻性語言的理解與應用

比喻性語言就是所謂的譬喻，這類語言是在講述或說明事物時，把 A 物說成 B 物，而 A 與 B 之間帶有一些共通點。比喻性語言是使用文字、詞彙和文句來表達兩者之間抽象概念的連結，所以不能只從字面上解釋其意，聽者需要再多一層思考來想像說者欲表達的意涵。

而比喻性語言的應用，在小學中高年級後開始頻繁出現，語言障礙的孩子在這種抽象語言的理解與表達上可能會較弱。有些桌遊能提供相關訓練，像是《說書人》中，出題者所做的事情就是利用一段隱喻式的語言來形容自己要出的圖片卡牌，而其規則設

計之故,既不能說得太明白,也不能說得太抽象,這點剛好可以訓練孩子在應用比喻性語言時如何拿捏適切性。

練習運用正確的語法

語法是指語言中,單字、詞彙、片語與句子等文法單位的組合與排列順序的規則系統。當孩子能使用正確的語法時,他們能將學習到的字詞組合成句子,並以他人能理解的方式進行表達。然而有些孩子會出現語法方面的問題,教學者通常會針對孩子的語法問題直接教學,透過提供正確的句型及語法的規則,輔以大量的練習來改善。但大量的練習可能會讓孩子感到無趣,所以教學者通常會設計不同的語文活動來陪孩子練習,如換句話說、造句、詞語接龍、表演語句內容與說故事等。

玩桌遊是極佳的語法練習活動之一,能創造出需要口語表達的情境與契機,而教學者的任務則是將要練習的語法句型穿插在遊戲之中。在桌遊開始前,先教導孩子使用目標句型;遊戲進行當中,引導孩子正確使用該句型並矯正其使用上的錯誤。當孩子漸能掌握語法句型的使用時,可以在遊戲中鼓勵孩子延伸語句的長度,讓孩子活用這些語法與句型(可以參考第112頁中的案例:利用重複出現的情境來練習句型)。在過程中,也別忘了要多給孩子鼓勵,願意開口練習就是很好的行為,不要因為小錯誤而責怪孩子或是中斷遊戲。

為了要讓孩子在遊戲中有許多開口說話的機會，建議在遊戲的選擇上應使用口語發生頻率較高、互動多且趣味性高的遊戲。此外，也有專門針對句型語法練習的遊戲，像是《句型 high 客》、《聚一句》。

提升語用的能力

語用能力是指在真實的社會溝通情境中掌控語言使用及功能的能力。這個能力能幫助個體在不同的時間與地點，面對不同的人和情境時，使用符合社會規範或文化的溝通語言，展現合宜的回應。若是說話無法符合社會溝通情境，例如用詞不當、說出唐突的話、搶著說話、無法維持對話或難以找到合適話題等，就會被認為語用能力不佳。

在語用能力中，交談技能是攸關溝通互動品質的關鍵，因此是多數語言障礙和自閉症孩子的教學活動中所被強調的內容。交談能力含括四個重要的項目：話題開啟、話題維持、對話輪替與交談修補四方面。而關於交談技能的練習，可見第四章「訓練日常生活的溝通能力」中的介紹。

此外，自然情境教學法可以用於促發孩子的交談能力，透過事件與情境的安排，激發孩子進行交談的意圖（例如：將遊戲配件放在伸手無法取得的地方、故意拿不正確顏色或數量的配件給孩子、故意忘記提供遊戲配件等）。有關自然情境教學法的舉例

可見本章關於自閉症的溝通能力訓練（第 172 頁），若須更詳細的解說，可進一步去閱讀特教相關的書籍與資源。

> **重點提示**
> ・桌遊是觸發孩子溝通的媒介，透過其高度的趣味性，讓孩子願意參與遊戲並開口說話，因此能夠創造練習的機會。
> ・透過桌遊可以練習語意的理解與表達。
> ・語意方面的練習包含詞彙廣度、語意整合、語意網絡、比喻性語言等方面。
> ・透過桌遊可以練習運用正確的語法。
> ・透過桌遊可以練習語用能力，如交談技巧的四個項目：話題開啟、話題維持、對話輪替與交談修補，詳見第四章的介紹。

肢體障礙與腦性麻痺

肢體障礙與腦性麻痺這兩種情況，可能會影響孩子在遊戲時的手部功能。在特殊教育中，肢體障礙是指上肢、下肢或軀幹之機能有障礙，導致影響參與學習活動者。因此若上肢有障礙，就會影響遊戲時配件的操作；腦性麻痺則是指腦部早期發育中的損傷導致動作方面的問題，像是肌肉控制能力不佳，因此會造成拿

取與放置遊戲配件、抓握紙牌等方面出現困難，進而影響遊戲的參與。此外，有些腦性麻痺的孩子會伴隨有智能或語言的問題，相關的教學與遊戲選擇建議則可以參考先前關於智能障礙與語言障礙的描述。

玩桌遊需要操作各種配件，對於精細動作有困難的孩子會面臨不小的挑戰。透過遊戲配件的調整，可以降低他們參與的難度，以下說明調整的方向。

改變配件大小或材質

教學者可以更換或製作較大的遊戲配件，讓孩子可以在較少協助下獨立使用這些配件，如桌遊店或網路上能買到 3 或 5 公分的大骰子，若有需要也可以用 10 公分以上的泡棉／布材質的骰子；也有賣較大的棋子、米寶、撲克牌等；遊戲卡牌與圖版也可以經由掃描後放大輸出，讓孩子在操作上更加容易。另外，像是《冰天雪地》中會用到一根木製釣竿來戳洞和釣魚，可以利用泡棉套住釣竿，使釣竿握柄處增粗止滑，孩子在使用上會比較好操作。

加厚卡牌

將遊戲卡牌的厚度增加，可以降低孩子使用拇指與前二指翻牌時的難度。厚的卡牌也可以增加持牌的穩定度，且對於肌肉控

制不佳的孩子來說，他們也比較不用擔心會捏壞／折損卡牌。可以在卡牌背後貼上厚紙板來增加厚度，但可能會顯得不太美觀，也會損壞遊戲配件。建議可以在網路上或桌遊店中購買保護卡牌的塑膠牌套，然後將桌遊卡牌與厚紙板／名片卡／撲克牌一齊裝入塑膠牌套中，這樣可以在不用黏貼的狀況下使卡牌增厚，也可以隨時依需求更換，是個方便的解決之道。

提供輔助器材

對於上肢方面有所限制的孩子，除了透過治療師所建議使用的醫療輔具，有些常見的桌遊小工具也可以使用。像是使用牌架、持牌器或握牌器來替代手持紙牌（如圖8，亦可使用手機座、小書架來放置遊戲紙牌），這樣可以方便孩子取牌與檢視自己的牌。

圖8　牌架（左）與持牌器（右）

這些器具也可以幫助只能使用單手的玩家進行遊戲，如早年行政院長孫運璿中風後，玩橋牌時會使用家人自製的牌架，方便以單手進行遊戲。此外，玩桌遊時，桌上也會有許多配件，手部功能不佳的孩子在分類或拿取時容易產生困難，可以將配件裝在分類盒中以方便拿取，若有需要，也可讓孩子擁有個人的配件分類盒。

固定配件位置

為了防止因手部肌肉不穩定而碰撞到進行中的遊戲配件，可將遊戲配件固定，以使遊戲順利進行，像是止滑墊、魔鬼氈、磁力片等，都可以幫助孩子進行遊戲。

在配件的調整之外，遊戲的選擇也可以考量配件較大、好操作的遊戲，這在幼兒階段的遊戲中很容易找到。然而，對於適用高年級、青少年或成年人以上的桌遊來說，配件通常都做得比較細小，複雜度也會比較高，這對手部功能有限制的玩家來說，會是一大挑戰。這種情況除了在前置調整作業上需要比較費心，也可能需要透過同遊者的協助才能順利進行遊戲。

有些單純以卡牌進行的桌遊，具備足夠的深度可供成熟與認知能力高的玩家遊玩，這些純卡牌的桌遊可以將對配件的依賴程度降到最低，像是《聖胡安》、《銀河競逐》、《七大奇蹟》、《星

際探險隊》。此外，有些傳統遊戲如象棋、跳棋、五子棋等，文具店常能買到磁力版本，這也能幫助手部功能有限制的玩家。

> **重點提示**
> - 玩桌遊主要會用到手，因此若肢體障礙與腦性麻痺的情形有影響到手部的話，會造成抓握紙牌、拿取或放置遊戲配件有困難，進而影響遊戲的參與。
> - 為因應手部操作功能的限制，可做以下調整：改變配件大小、加厚卡牌、提供輔助器材和固定配件位置。

身體病弱、多重障礙與其他障礙

身體病弱是特殊教育類別中的一類，指罹患疾病、體能衰弱、需要長期療養且影響學習活動者。一般而言，身體病弱的孩子在認知上與同儕無異，所以在桌遊的選擇與遊玩上和一般孩子並無不同。在動作發展上，若非疾病影響上肢肌肉骨骼之功能，玩桌遊時也與一般孩子無異。要注意的是，身體病弱的孩子在體力上較弱，長時間專心久坐玩桌遊可能會感到疲倦，需要適時休息與轉換活動。此外，服用藥物也有可能會影響認知表現，教學者在進行教學與遊戲前，應先了解孩子的生理狀況。

多重障礙也是特殊教育類別中的一類，其特徵是孩子具有兩種或以上的障礙，例如同時有視覺和聽覺的障礙。而這兩種障礙必須不具有連帶關係，也非同一原因造成，例如腦性麻痺的孩子會有肌肉控制的問題，導致咬字發音有困難，由於皆源自於腦性麻痺症狀的影響，所以不會被認定為同時具有腦性麻痺與語言障礙，亦即不會被認定為多重障礙。而多重障礙的狀況，通常都較為複雜且嚴重，教學者在引導孩子玩遊戲時會需要花費更多的心思以進行更多的調整。相關的建議，可依據多重障礙中的組合，參照本章各障礙類別的敘述。

　　其他障礙也是特殊教育類別中的一類，是指孩子在學習與生活上有顯著困難，但無法歸類於前述 12 種類別的障礙。雖然此類別的狀況特殊，但孩子在進行桌遊活動上還是可以參考本章各種障礙類別的情況，以及在其他章節中找到相似的需求。

第六章　與不同需求的孩子玩桌遊

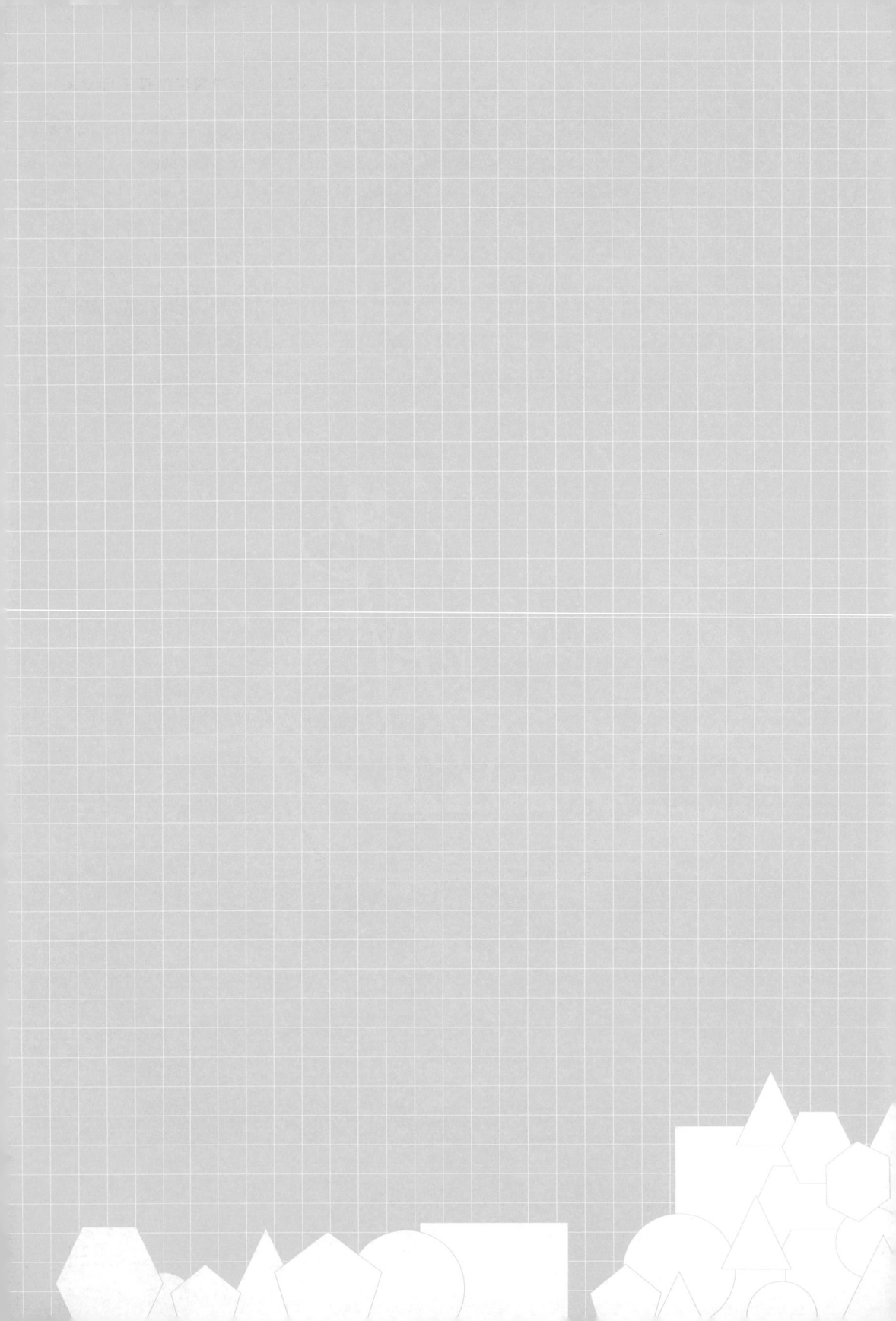

第七章
CHAPTER SEVEN

常見的遊戲機制與解析

桌遊在經年累月的發展下，出現各式各樣的玩法，而相似的玩法漸漸被人們歸類並命名，以方便遊戲領域內的人們溝通，而「機制」就是用來指稱這些被命名的玩法類型，也就是一套桌遊的運作方式。根據 Building Blocks of Tabletop Game Design: An Encyclopedia of Mechanisms 一書中，[17]桌遊的機制可以分成不同的層面，有回合順序的決定、動作進行、遊戲結束方式、計分方式及各類主要玩法等。所以一套遊戲的運作方式，往往綜合多個層面的遊戲機制。

　　雖然一般人會認為機制的討論是遊戲玩家與設計師的事情，教師或桌遊應用者應該不需要花時間去了解桌遊機制。但在我的觀察，當教學者應用桌遊時，總是會考量各種條件，為孩子尋找適性的遊戲，也因此了解桌遊運作的核心機制，對於選擇遊戲是很有幫助的。綜觀各種桌遊常見機制，可以發現遊玩不同機制的遊戲需要運用不同面向的能力，包含不同程度的認知能力、動作能力等。因此熟悉桌遊機制可以讓我們更快掌握一款桌遊，如此更能為孩子找出符合需求的遊戲。

　　在眾多的遊戲機制中，本書挑選出桌遊中家庭遊戲與兒童遊戲中常見的機制，並將這些機制分成五個面向於下面做詳細介紹。此外，兒童遊戲亦包含幼兒遊戲，在本章中若要特別強調用於6歲以下的遊戲時，會以幼兒遊戲稱之。一些較複雜的機制，如工人擺放、吃墩、區域控制等，在此就不多做討論。若讀者有

興趣，可以在前述的專書中與 Board Game Geek 資料庫的網站中找到說明。在下面的介紹中，圖案辨識、記憶、堆疊平衡和擲骰四種機制，很常出現在幼兒遊戲中，其中所運用的能力是玩桌遊的基礎，因此有許多相關的遊戲可用於集中式特教班與低年級的資源班中。

認知處理之機制

圖案辨識（pattern recognition）

玩家必須找出遊戲中的特定圖案或組合以達成遊戲目標。遊戲規則會說明何謂特定的圖案與組合，可能是相同顏色、相同圖案、合計的數字、符合某種條件的組合等。在許多 6 歲以前的遊戲中都會應用到此機制，如給 2 至 3 歲孩子玩的《第一個果園》、《繽紛果園》、《小小釣魚手》，運用到辨識與配對相同顏色的能力，符合 2 至 3 歲時所發展出來的「配對概念」。這種能力可視為玩桌遊的基本能力，若孩子無法分辨相同圖案或顏色，則學習

---

17. Engelstein, G., & Shalev, I. (2022). *Building Blocks of Tabletop Game Design: An Encyclopedia of Mechanisms*. CRC Press.

其他遊戲會很有挑戰性。此外，也有適合 3 歲孩子的圖案辨識遊戲是以觸覺來感知的，例如《Tactilo Loto》要觸摸出相同材質的卡牌，有絨毛、有光亮、有粗糙的表面等；《Tactil Bzzz》則要在木頭配件上摸出相同的紋路。

圖案辨識的機制也常與競速配對（speed matching）的機制一起出現，通常以翻開牌後揭示圖案的方式，讓玩家在桌面上尋找相符的圖案，最先找到的人可以獲得分數。加入這種競速的元素後，通常是給 4 歲以上的孩子遊玩，因為此時孩子比較知道競賽是怎麼一回事了。此外，這機制不僅限於簡單的配對，還可以加入簡單的算術如《德國心臟病》、較複雜的邏輯歸納如《SET》，以及說出各種類別的詞彙如《字字轉機》，隨著遊戲的難度提升，適用年齡也會有所提升。此機制相關的遊戲還有：《豬朋狗友》、《醜娃娃》、《嗒寶》、《閃靈快手》。

記憶（memory）

此類遊戲會讓玩家在遊戲過程中暫時看見隱蔽的資訊，往後的遊戲中玩家要記住先前曾經出現過的資訊，記住這些資訊有助於獲得勝利，如《拔毛運動會》，或傳統撲克牌遊戲《對對碰》。記憶力是學習的基礎，也是嬰幼兒早期就發展出的能力，因此很多 6 歲以前的遊戲都與運用記憶力有關。

記憶遊戲的數量很多，有些頗具特色的記憶遊戲會與其他機

制做結合，像《龍的寶物》有著賭運氣的機制；《抓鬼大隊》、《魔法照路》、《瓢蟲彩妝宴》屬於合作遊戲；《獅子剪髮大冒險》結合手牌管理的機制；《尋夢旅程》結合說故事的機制；《大頭娃娃》要記住玩家命名的詞彙。此機制相關的遊戲還有：《大家來找碴》、《諾亞與方舟動物》、《磁石魔法迷宮》、《石器時代兒童版》。

演繹推理（deduction）

此類遊戲中，玩家根據線索來尋找隱藏的資訊，以解決遊戲中的問題。推理遊戲的表現方式多元且趣味性高，不過推理遊戲間的玩法差異很大，有像《蘇格蘭警場》這種，如同鬼抓人一般，多名玩家扮演警察要抓一名壞人，玩家要透過觀察和線索來尋找可能位置，以抓住不斷移動的壞人；也有像是《狐作非為》這種幼兒遊戲，玩家合作尋找更多的線索牌，逐漸刪除可能的嫌疑狐狸名單，直到找出真正的狐狸嫌犯；《神探諾斯》則是由一人以骰子的圖像暗示隊友答案是哪一張牌，隊友則透過聯想的方式來推敲；《狼人殺》一類的遊戲以社會互動的訊息來猜測玩家間的身分；又或是桌遊版的密室逃脫《大搜查》系列，結合手機APP在故事中解謎；還有像《Zendo》這類，透過配件擺放來臆測出題者所設計的正確規則（類似幾A幾B的玩法）。玩法可謂五花八門，但相同之處就是根據線索來推敲答案。

知識（trivia）

　　此類遊戲測試玩家對特定知識的記憶與了解。「trivia」被翻譯為小知識或冷知識，這些遊戲中通常有大量的題目，玩家根據題目進行回答，回答的方式不僅限於口頭回答，也有透過多選題、排列順序、猜測數字等方式進行。此類遊戲的主體是內容知識，若輔以適當的機制會讓遊戲變得有趣。例如《時間線》是考驗玩家歷史、事件、發明的出現年代，玩家透過排列年代順序來進行遊戲；或《字字轉機》結合競速配對的玩法，玩家要搶先說出某特定類型下的詞彙等。

　　這些遊戲若恰好與教學目標相符，如社會課中教到臺灣歷史時，可以使用《走過臺灣》來做引起動機或綜合活動。若在課餘時間孩子有興趣遊玩的話，也可以增進各方面的小知識，是一種寓教於樂的小工具。

配件操作之機制

堆疊平衡（stacking and balancing）

　　遊玩這類遊戲時，玩家需要用到手部動作來堆疊遊戲配件，並保持這些配件的平衡。這類遊戲常見於 6 歲以前的幼兒遊戲，因為在兒童發展的過程中，此時正是手部精細動作發展的重要時

期。這類遊戲除了單純的堆疊與平衡，也會和其他的機制結合，如《動物疊疊樂》中的擲骰、《烏邦果 3D 兒童版》的方格覆蓋等，相關的遊戲還有：《超級犀牛》、《動物方程式》、《高塔神廟》等。另外有一個類似的遊戲機制，稱之為物理移除（physical removal），和堆疊平衡的概念剛好相反，是將遊戲配件從某一個結構中移除，像是《疊疊樂》、《伐木達人》、《龍之吐息》。

擲骰（dice rolling）

擲骰是一種可以製造出隨機性的遊戲動作，在這類遊戲中，玩家丟擲骰子後，會根據骰子上面顯示的圖樣執行動作。擲骰也可以結合許多不同的機制，最常見到的是賽跑玩法，玩家輪流丟骰，依照骰子點數前進，看誰先走到遊戲終點，如：《蛇梯棋》。熟悉的《大富翁》也是利用擲骰往前走，然後加上買地收租金的玩法。另外，也有結合賭運氣的機制，如《蟲蟲燒烤派對》、《欲罷不能》；或重骰與鎖住（re-rolling and locking）的機制，如《絕頂聰明》。由於骰子的使用在人類遊戲發展的歷史中存在已久，與擲骰相關的遊戲非常多，遊戲難度也不一。相關的遊戲如：《骰子街》、《七彩跑跑豬》、《幸運漢斯》、《蝸牛向前衝》、《故事骰》。

拼放（tile placement）

此類遊戲透過放置片狀的遊戲配件來獲取分數或觸發動作，

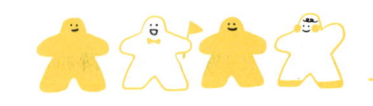

放置時需要考慮現有桌面上配件的特性，因為片狀配件上會有圖案，而圖案的連接、方向、位置等，都會對遊戲有所影響。放置後，若將圖形完成、擴大或收集某些組合，則會得到遊戲中的優勢。

　　拼放遊戲看似簡單，但由於拼放時需要考量與觀察許多事情，如原先的圖案、配件不同方向的效果等，因此需要靜下心思考，對於練習從事靜態活動、持續性注意力和觀察力都很有幫助。這種機制的應用範圍很廣，在低於6歲的兒童遊戲中也可以看到，如《卡卡頌兒童版》、《尋龍多米諾》、《卡魯巴兒童版》、《哞哞穿新衣》、《彩虹蛇》。相關的遊戲還有：《卡卡頌》、《水瓶座》、《Blokus》、《拼布對決》、《多米諾王國》、《輕鬆放》、《數字九乘塔》、《花磚物語》、《貓與花毯》、《熊熊公園》、《築夢頌》等。

紙筆遊戲（paper-and-pencil）

　　這類遊戲以紙筆作為主要配件，會用筆在紙上做記號、畫線或繪圖等。其他配件需求很少，有時僅有數顆骰子或一小疊紙牌，通常也不需要用到遊戲中央的主圖版，因此攜帶與準備上都相當方便。由於具體的配件很少，玩起來會比較抽象，較少接觸遊戲的孩子可能會較難進入狀況，有點難度的紙筆遊戲如：《數字火車》、《絕頂聰明》、《Metro X》、《王國製圖師》、《歡迎來

到》、《Qwixx》、《骰寫彩色島》、《請上車》。另一類紙筆遊戲的玩法是與繪圖有關的，這些玩法就簡易許多，可以發揮孩子的創造力，喜歡藝術的孩子也會感到很有興趣，如：《傳情畫意》、《妙筆神猜》、《假藝術家到紐約》、《Sprouts》。近年來，則出現少數為學齡前兒童所設計的紙筆遊戲《童樣聰明》。

手牌管理（hand management）

此類遊戲的配件中會有卡牌，玩家要思考如何運用自己手上的牌，所謂管理是指在遊戲時從有限的牌中打出他認為最佳用途的牌，因此玩家需要安排不同的順序、組合或時機來出牌。這類遊戲相當多，像是撲克牌遊戲《大老二》或《麻將》，都是屬於需要管理手牌的遊戲。其他像是《超級犀牛》、《沉睡皇后》、《媽媽咪呀》、《失落的城市》、《獅子剪髮大冒險》、《髒小豬》、《花見小路》等。

團隊分組之機制

合作遊戲（cooperative game）

這個機制主要在定義玩家間的關係與勝利方式，玩家在此類遊戲中必須互相合作以達成勝利，並非對立的競爭關係。合作遊

戲的結果可能是全體共同獲得勝利或失敗，也可能是遊戲結束時會得到一個分數的等級評比，以顯示玩家間合作的成果如何。這類玩法從幼兒遊戲、家庭遊戲、派對遊戲到策略遊戲都有，是一種廣泛運用的遊戲機制。

這類遊戲在教學現場很實用，可以培養孩子社會互動的能力，也可以學習團隊合作，學習如何扮演團隊中的一員。同時能形成團體的凝聚力，避免競爭遊戲帶來的壓力與孩子的情緒反應。而教學者需注意的是，有些合作遊戲的缺點是容易發生熟悉遊戲的玩家過度主宰遊戲，造成其他玩家參與感不足。合作遊戲也很容易與其他機制結合，因此呈現許多不同的樣貌，相關遊戲如：《抓鬼大隊》、《魔法照路》、《瓢蟲彩妝宴》、《獨家暗語》、《心靈同步》、《色彩麻吉》、《花火》。

分組競賽遊戲（team-based game）

這個機制的遊戲中，玩家會分成不同的隊伍互相競爭以獲得勝利。有多種可能的團隊結構，包括人數相等的對稱隊伍、人數不等的隊伍或一人對抗多人等。優缺點與合作遊戲類似，但帶有團隊的競爭感。在一些分組競賽遊戲中也常使用隱藏角色的玩法，使玩家無法確定隊友的身分，也被稱為陣營遊戲，如：《狼人殺》、《阿瓦隆》、《矮人礦坑》、《Bang!》。一人對抗多人的遊戲則有：《間諜危機》、《古墓企鵝》、《蘇格蘭警場》、《我是

香蕉》。其他分組對抗遊戲如：《心靈共感》、《機密代號》、《截碼戰》、《妙語偵探社》、《估估劃劃》、《天生絕配》。

遊戲運作之機制

賽跑（race）

賽跑的機制是指第一個達成某項條件或目標的玩家獲得勝利。此類遊戲常會出現一個賽道，而最先到達終點的玩家獲勝，如傳統遊戲《蛇梯棋》、《鵝棋》就屬這類。除了到達賽道終點，此類遊戲的獲勝方式也包括：第一個取得特定分數或收集完某些物件，如《卡坦島》先獲得 10 分的玩家獲勝。在教學現場，繪製一份用骰子遊玩的賽道遊戲圖很容易，若讓孩子自製桌遊，也可以從這種基礎類型著手。

方格覆蓋（grid coverage）

遊戲圖版上會有以小方格構成的區域，有時以不同顏色或形狀來標示。玩家使用如俄羅斯方塊之類不同形狀的配件來覆蓋這些區域，安排得宜的覆蓋會為玩家得到獲勝優勢。玩這種方格覆蓋的機制可以練習關於空間方面的認知能力，這類機制應用廣泛，也常出現在一些單人的益智解謎遊戲中。相關遊戲如：《烏

邦果》系列、《烏邦果 3D 兒童版》、《機智新星》、《機智寶石》。這類遊戲的外型與特性很容易與教育做連結，家長與教師的接受度很高。

賭運氣（push your luck）

　　這類遊戲有著一定程度的隨機性，玩家在過程中會獲得一些成果，但他們必須決定是否要滿足於現有成果，還是冒著損失所有成果的風險以獲得更多的獎勵。簡單地說，是選擇「見好就收」或「拚一把」。在這些遊戲中，可以學習到至少三件事情，第一是評估風險，遊戲中有很多機會去權衡自己的利害得失；第二，可以練習獨立做決定並享受／承擔結果；第三，有些孩子可能剛開始會禁不起損失慘重的失敗而崩潰，但多玩幾次後，他們會了解到這只是遊戲，漸漸能夠將得失心放下，這也是面對挫折與自我調適的一種練習。相關的遊戲如：《印加寶藏》、《欲罷不能》、《變色龍》、《亡者神抽》、《蟲蟲燒烤派對》、《起司天堂》。

成套收集（set collection）

　　遊戲中需要收集不同的物品來得分，而物品的價值來自於收集的物品是否能符合某種特定的組合方式。這類遊戲中，最廣為人所知的就是《麻將》，透過收集特定的組合形式來獲勝，且根據收集的牌型還會有不同的台數（分數）。相關的遊戲如：《鐵道任

務》、《歐洲十日遊》、《得分沙拉》、《璀璨寶石》、《變色龍》、《龍龍公園》、《拉密數字牌》。這類遊戲由於需要進行選擇與收集，難度稍微高一點，在低於 6 歲的遊戲中較少見到，但仍有一些如：《石器時代兒童版》、《火車快飛》、《誰是牛頭王兒童版》。

　　成套收集的遊戲有別於單純收集金錢或分數的遊戲，因為物件對每個玩家而言有不同的意義。以《麻將》舉例，當我有兩張「東」的時候，第三張「東」對我而言就很有意義，但對手上沒有「東」的玩家而言，摸到「東」就沒什麼用途，因此很早就會被丟掉了。就因為對玩家而言意義不同，這類遊戲常會給予玩家一些限制，讓玩家在有限的選擇中，漸漸收集出他要的組合。在遊戲過程中，各種小成果會持續增強玩家的動機，鼓勵他們持續進行遊戲，這種透過思考與執行，逐步收集成套的動作，會給玩家一種經努力而有所得的成就感。

說故事（storytelling）

　　說故事類的遊戲中，玩家會獲得一些文字或圖像的材料，並利用這些材料創作故事，有時候是團體以故事接龍的方式呈現，有時候則是個別玩家創作一段小故事。遊戲時的故事創作多以口語呈現，對於敘事練習來說是一種很好的方式。此類遊戲也會和不同的機制結合，如《故事製造所》採用投票機制；《尋夢旅程》、《驢橋》就用到記憶機制。相關遊戲如：《從前從前》、《故事

骰》、《故事線》等。

輪抽（closed drafting）

輪抽是指每個玩家會發給一定數量的牌或配件，然後玩家各自選擇其中一張（個）後，將剩下的牌或配件遞給下一位玩家。依照這樣的流程持續進行，直到將牌選完或規則指定的數量為止。這種玩法會讓玩家不斷進行選擇，由於遊戲通常會搭配成套收集的玩法，所以每次選擇時都需要思考如何才能拿到高分的組合。此類機制較少見於 6 歲以前的兒童遊戲中，相關遊戲如：《龍龍公園》、《迴轉壽司》、《七大奇蹟》。

競標（auction／bidding）

玩家會對遊戲中的物件進行出價以決定物件歸屬權。願意付出較多代價的玩家可以取得遊戲中的物件，取得這些物件會帶來遊戲中的優勢，比如競標遊戲中的資源、財產、股票、分數或行動等。出價競標的方式很多種，有公開競標、暗中競標、荷蘭式競標等，按照遊戲規則而有所不同。

此類遊戲的遊玩方式比較複雜，通常出現於 10 歲以上的家庭遊戲中，需要中高年級以上的認知能力才能懂得這類遊戲的玩法。遊戲可以練習一些基礎的算術能力，但更重要的是在遊戲中的價值判斷與出手時機，因為遊戲中的競標目標物通常沒有固定

的價值，需要透過某些組合的收集才會有價值，即與成套收集機制的結合，如《太陽神》；或是遊戲中有著兩難的情況，如《上流社會》，需要花錢買物件獲取分數，但又不能過度花錢成為最窮的玩家；又如《現代藝術》中，藝術品的價值並非絕對，出價時需要考量可能的風險。相關遊戲還有：《地產達人》、《袋中菲力貓》、《馬尼拉》。

牌組構築（deck construction）

此類遊戲多為卡牌遊戲，玩家在遊戲前需要先有一個自己的牌組，而牌組可以自行組合。卡牌的構築自由度很大，在規則內合法的牌都可以使用。相關的遊戲如《魔法風雲會》、《遊戲王》、《寶可夢集換式卡牌遊戲》。這些遊戲在構築牌組和遊戲技巧上可以深入淺出，既可以玩得很休閒，也可以玩得很競賽。孩子遊玩此類遊戲可以享受收集的樂趣，也可以學習到很多玩遊戲的技巧；教學者可以利用這些遊戲卡牌作為孩子的增強物。

社會互動之機制

表演（acting）

玩家在遊戲中會以動作、表情、手勢、肢體動作、操作配件

或語言等方式來與其他玩家溝通，通常這些表演是為了要猜出某個答案。這類玩法中，最具代表性的應該屬團康遊戲中的「比手畫腳」，由表演者做出動作，其他人猜答案。玩這類遊戲時，可以考驗出題者的創意與表演能力，以及猜題者的聯想力。這類遊戲能容納的玩家人數通常也較多，常出現在派對遊戲中。進行這些表演通常需要一定程度的認知能力，認知弱的孩子可能會有點困難。相關遊戲如：《火柴會說話》、《怪獸面具島》、《皮影戲大師》、《我是香蕉》、《掌中回憶》。

投票（voting）

　　遊戲中，玩家透過投票決定某些行動是否發生，常用於分組競賽遊戲中隱藏角色的陣營對抗遊戲。常見的情況如《狼人殺》中決定要殺哪位玩家，或是《間諜危機》中決定揭露誰的身分。也有非屬此類的投票遊戲，像是《說書人》中用投票來猜測出題者出哪一張牌；《封王》中投票決定某個角色是否可以晉升到國王；《故事製造所》中，玩家用投票來決定故事的走向。由於孩子的成長會遇到很多用投票表決來決定的事情，因此在這些遊戲中可以體會到投票的樂趣與意義。而在投票的過程中，也會有許多交談互動的機會，孩子可以學習如何分析他人的立場、說服別人的方法與聆聽他人的意見。

交易（trading）

具有交易機制的遊戲裡，玩家可以彼此進行交易或交換物件，如手牌、資源、行動等。交換時經常會與其他玩家討價還價，因此也常與談判機制一起出現。交易需要思考如何開價對方才願意接受，但也不應使自己吃悶虧，這玩法也算是讓孩子提早面對現實社會生活中的課題。而交易過程中，會用到簡單的數學計算，但更重要的是在達成交易前的各種考量，分析利害得失需要運用到較高層次的認知技巧，有別於單純的記憶與理解。由於思考歷程與運用的能力都較為複雜，這種機制較少見於 6 歲以前的兒童遊戲中。相關遊戲如：《卡坦島》、《卡坦島兒童版》、《種豆》、《Pit》。

談判（negotiation）

這類遊戲透過玩家間彼此協調討論後，來決定交易、行動、利益劃分或結盟該如何進行。談判遊戲中，會運用到許多人際溝通的能力，也考驗著對遊戲的敏銳度，因此這種機制相當少見於 6 歲以前的兒童遊戲中。但對於學齡兒童來說，從這些遊戲中可以練習很多能力。像是《G 同鴨搶》中，孩子可以練習如何分配利益及表達自己的想法；《卡坦島》中要如何發現他人的需求，並依此討價還價；《阿瓦隆》、《狼人殺》類的陣營遊戲則可以練習察言觀色，觀察他人的態度來推敲其意圖。相關遊戲如：《巴撒利

市集》、《我是大老闆》。

吹牛（bluff）

　　吹牛類的遊戲中，玩家通常都會握有隱藏的資訊，並利用這些資訊以虛張聲勢的方式來迷惑對手，令其難辨真假。遊戲中，玩家不一定要撒謊，有時僅是透過執行遊戲中的動作，就能做出吹牛的效果，如《好鬼難尋》中，一隻勇往直前不怕被吃掉的鬼，通常會讓人懷疑是紅色的鬼，但抓住這樣的心理，反而放的是藍色的鬼，這樣可能就會騙過對手。

　　有些吹牛類的遊戲需要根據現有資訊來做推測，所謂半真半假，這樣吹的牛才會有人信，如《土狼在笑你》、《吹牛骰》。在遊戲中，孩子可以學習到換位思考，設身處地想：「如果我是他，看到某張牌，我會說什麼？而他現在這麼說，他的目的是什麼？」此外，孩子還可以學習到察言觀色，以及暫時性地壓抑自己的真實意圖並做好表情控制。玩這類遊戲通常需要揣摩人們說話與行動的背後動機，是一種高層次的社會技巧練習。相關的遊戲如：《德國蟑螂》、《貓吃三辣》、《骷髏牌》、《假藝術家到紐約》、《幕後交易》、《妙語偵探社》、《隱形帽》（此款適合幼兒）。

溝通限制（communication limits）

　　遊戲中以一些方式限制玩家彼此間的溝通，玩家不能直接

交流訊息，像是不能說話，僅能以圖片溝通；僅能以相關字詞溝通；不能透漏某些條件的訊息等。這類遊戲與表演類遊戲有異曲同工之妙，也會考驗出題者的創意與猜題者的聯想力。這樣的機制可以與很多不同類型的遊戲內容結合，如《機密代號》、《心流密碼》是詞彙的聯想、《獨家暗語》是要去發想出獨一無二的詞彙來暗示同伴、《語破天機》要用概念的圖示來傳遞答案。相關遊戲如：《估估劃劃》、《猜圖高手》、《解碼戰》、《三人成築》、《火柴會說話》、《密語幸運草》、《心靈同步》、《掌中回憶》。

> **重點提示**
> ・遊戲機制是指遊戲的玩法與運作方式。
> ・認識機制有助於為孩子尋找適當的遊戲。
> ・遊玩不同機制的遊戲需要運用不同面向的能力。
> ・圖案辨識、記憶、堆疊平衡和擲骰是幼兒遊戲中常見的基礎機制。

第八章
CHAPTER EIGHT

魚寶老師的推薦遊戲菜單

在教育現場，經常會收到這樣的問題：「我想要增進孩子的某某能力，請問魚寶老師有什麼推薦的遊戲嗎？」此章節將桌遊用於教育的特定主題做整理，以利讀者尋找適用遊戲。在推薦的表格中，「學齡前」的遊戲涵蓋 2+ 到 5+ 的遊戲；「6 歲或以上」的遊戲則涵蓋 6+ 及以上的遊戲。此處推薦的遊戲主要以經驗作為根據，雖有些許理論與研究做支持，但無法做出效果的保證。每一個主題都會先進行簡短說明，因此讀者在選用前，宜先閱讀說明並對遊戲進行了解，再自行做判斷是否適合。由於桌遊數量繁多，筆者所推薦的遊戲，盡量為國內市面上容易取得的桌遊，以免讀者找不到。大部分的推薦遊戲在網路上都能找到教學說明，有興趣的讀者可以進一步去了解。

人際關係

增進人際關係是玩桌遊的共通優點，玩桌遊時要面對面一起玩，能拉近人們的距離，因此多數的桌遊都可以用於增進人際關係。對於老師和學生來說，平時的課堂是屬於教與學的上下關係，但師生一起玩桌遊時，則是處在對等的互動情境，這有助於放下彼此的隔閡，讓孩子更願意靠近老師。此外，合作遊戲也能讓孩子產生對於團體的歸屬感。

在遊戲選擇時，推薦使用以下特性的遊戲，如互相合作或協助、氣氛歡樂融洽、互動性高的遊戲（見下表）。另外，可避免高衝突的遊戲，像是玩家間會互相攻擊並造成出局的遊戲；或是避免特定孩子會不斷失敗的遊戲，導致對遊戲的排斥。不過對於有些孩子或青少年來說，競爭激烈的遊戲反而能帶給他們難忘的回憶，進而彼此惺惺相惜，因此選用遊戲以前，可以先對孩子的個性稍做評估。

學齡前	6歲或以上
獨角獸莉莉、抓鬼大隊、卡魯巴兒童版、狐作非為、小小貓頭鷹、小羊躲妙妙、卡卡頌兒童版、搶救彩虹	魔法照路、尋夢旅程、天生絕配、說書人、雙胞胎、三人成築、歡樂速配

輪流等待

輪流等待在大多數的桌遊中都可以練習，只要是回合制的遊戲，每位玩家做完一組固定的動作後，就會輪到下一位玩家。不過同時進行的遊戲就不會出現這樣的練習機會，如《G同鴨搶》、《洪水警報》、《卡魯巴》。輪流等待的時間會因遊戲難度或玩家思考速度而有所差異，過長的輪流等待會造成孩子注意力渙散，在桌遊的術語中會說 downtime 過久。若有這樣的情況發生，可

能就需要考慮遊戲難度是否過高，或許需要更多練習和協助。也可以使用第三章中進行桌遊活動時促進遊戲的技巧，幫助孩子做決定。而對於遊戲態度積極的孩子，也可以利用沙漏或計時器來限制等待時間，增加遊戲刺激感，強迫加快思考速度。

學齡前	6歲或以上
繽紛果園、我的第一個果園、長長長頸鹿、搶救彩虹、火車快飛、卡卡頌兒童版、起司天堂、蹦蹦蛙、拉長島、誰是牛頭王兒童版、彩虹蛇、跑跑龜迷你版、採花趣	童話迷蹤、卡卡頌、卡坦島兒童版、Blokus、幸運漢斯、獅子剪髮大冒險、國王的早餐、草泥馬、動物園（Zoff Im Zoo）

衝動控制

衝動行為在遊戲中很常見，像是難以進行輪流等待、規則教學時插嘴、容易情緒激動、和同儕起衝突、一直想拿取遊戲配件等。首先，練習衝動控制可以利用需要輪流等待的遊戲，詳見上段所推薦。此外，也可以使用競速配對的遊戲，孩子在這類遊戲中會忍不住想出手，但太急著出手常常會得到錯誤的結果，教學者可以藉由這些遊戲讓孩子練習先細心觀察與思考後再出手，進而練習控制自己的衝動。最後，有些需要靜下心動手操作的遊

戲，如《超級犀牛》、《搖滾巫奇》，也可以運用在衝動控制的教學中。綜上，雖然有許多遊戲可以運用，但建議教學者仍應進行情緒控制的認知教學與行為引導，才會讓效果更好。

類型	學齡前	6歲或以上
競速	閃靈快手兒童版、萌犬對對碰、塔寶數與形、外星怪、捕蟲仔、貓與貓頭鷹、尋尋蜜蜜	德國心臟病、閃靈快手、醜娃娃、荒島動物學、拍張照
操作	超級犀牛、企鵝敲冰樂、動物疊疊樂、動物方程式、平衡仙人掌	搖滾巫奇、搖搖蘋果樹、搖曳企鵝、籤籤入扣、平衡天使、瘋狂建築師

語言溝通

桌遊在語用能力的訓練上，多以一種媒介的角色出現，像是練習交談技能時，常會藉由遊戲來鼓勵孩子進行表達、提出請求、對話輪替、開啟話題、話題維持與交談修補等。在交談技能的練習上，推薦使用口語使用頻率較高、互動多且趣味性高的遊戲，如下表所示。雖然推薦這些遊戲，但還是應根據孩子的興趣與教學者的活動設計來做選擇。因為語言溝通的訓練主要依賴教學者的帶領，即便是個對話少的遊戲，透過適當的教學還是可以

當作訓練的好工具。

此外，詞彙廣度的練習遊戲應具備豐富的情境內容、圖卡或文字；語意整合要有前後文、圖卡或情境來刺激孩子進行資訊的整合與輸出；語意網絡的練習則是透過相關字詞的分類與聯想；比喻性語言要練習說出譬喻性的語詞；語法句型可以藉著各種遊戲來練習，但也有一些專門的遊戲。

類型	學齡前	6歲或以上
交談技能	抓鬼大隊、狐作非為、卡魯巴兒童版、瓢蟲彩妝宴、小小貓頭鷹	卡坦島兒童版**、魔法照路、G同鴨搶、種豆、妙語偵探社、卡坦島、矮人礦坑、巴撒利市集、這款桌遊、麥田圈尋寶
詞彙廣度	滿腦子番茄、動物疊疊樂、大頭娃娃、字字轉機圖像版*	龍的寶物、獅子剪髮大冒險、德國蟑螂、蟑螂沙拉、小吃大胃王
語意網絡	妙傳爆趣、估估劃劃兒童版	字字轉機、獨家暗語、心流密碼、機密代號、估估劃劃
語意整合		故事線、故事骰、故事製造所、從前從前、驢橋
比喻性語言		說書人
交談修補	估估劃劃兒童版	估估劃劃
語法句型	神奇小馬、引蛇出洞	句型High客、聚一句

* 雖遊戲標示6+，但學齡前孩子可嘗試玩玩看。
** 使用進階的交易規則。

團隊合作

　　透過合作或分組競賽遊戲，可以讓孩子產生團隊凝聚力。玩這些遊戲時會需要討論與默契，能從中學習工作分配、資訊分享與衝突妥協，最後能帶給孩子相互合作的喜悅與滿足。當孩子勝負心過於強烈時，像是每個都想贏或是每個都怕輸，這時在一般遊戲中就很容易有爭執或負面情緒。教學者可採用下列合作遊戲，有助於緩減孩子對勝負的執著，但依然可以享受到桌遊的樂趣。

學齡前	6歲或以上
瓢蟲彩妝宴、抓鬼大隊、小小貓頭鷹、狐作非為、神奇小馬、估估劃劃兒童版、恐龍逃脫任務、小可愛、卡魯巴兒童版、搶救彩虹、與龍共武、採花趣、飛躍魔盜團兒童版	魔法照路、尋夢旅程、天生絕配、心靈同步、三人成築、色彩麻吉、花火、機密代號、蘇格蘭警場、估估劃劃、卡卡頌霧中情誼、咒咒咒、這款桌遊、麥田圈尋寶、鼠國英雄

探索自我與認識他人

　　有些類型的桌遊，其樂趣主要來自於遊玩的「人」。在這類遊戲中，人們會說出自己的感受、情緒，以及對人事物的看法，

所以透過這些桌遊讓我們可以探索自己、分享感覺與了解他人。推薦的遊戲如：《怪獸面具島》可以幫助自閉症孩子練習模仿表情，以及觀察表情的變化；《俄羅斯娃娃》可以練習不同的表情與姿勢，及其與情緒的配對；《實話實說》可以了解「我對自己的看法」和「他人對我的看法」是否有差異，從而更進一步認識自己的特質；《換言一新》可以探索自我的缺點如何轉換成優點；《說書人》、《天生絕配》可以聽到其他玩家對圖片的想法和解釋；《獨家專輯》可以欣賞同儕喜歡的音樂類型；《我的情緒小怪獸》、《同感 2.0》可以聆聽和講述自己的情緒與感受。《腦洞量表》、《命懸一線》、《色彩麻吉》可以了解同儕對於事物感受與價值觀的衡量方式。

學齡前	6 歲或以上
我的情緒小怪獸、怪獸面具島、俄羅斯娃娃	實話實說、雙胞胎、換言一新、說書人、天生絕配、獨家專輯、同感 2.0、腦洞量表、命懸一線、色彩麻吉、認清你的朋友

注：《換言一新》、《腦洞量表》、《命懸一線》、《認清你的朋友》這幾個遊戲難度較高，可能要小學高年級或中學以上比較能理解。

顏色／形狀配對

遊玩時要找出遊戲中的形狀或顏色配對組合，像是《第一個果園》丟骰後出現藍色，就要將藍色的果子拿起後放入籃子中；或是像《晾對襪子》在配件圖卡堆中找到兩個一樣的圖案。這類遊戲玩法單純，通常是為了練習孩子對形色配對／分類的基礎認知概念。這種能力可視為玩桌遊的基本能力，若孩子無法分辨相同圖案或顏色，則學習其他遊戲會很有挑戰性。

學齡前	6 歲或以上
小小釣魚手、第一個果園、繽紛果園、龜殼大風吹、晾對襪子、長長長頸鹿、嗒寶數與形、捕蟲仔、隱形帽、麻吉貓放假趣、童樣聰明、尋龍多米諾、閃靈快手兒童版、矮人骰子樂 、彩虹蛇、採花趣、吸珠大笨象、Tactilo Loto（觸覺）、Tactil Bzzz（觸覺）	醜娃娃、閃靈快手、嗒寶、洞洞打寶、棒棒糖

集中性注意力

訓練集中性注意力的遊戲，常常會使用兩種遊戲，一種是競速類，另一種是操作類。競速能帶來緊張刺激的感覺，孩子會處於一種警醒的狀態，能讓注意力較為集中。此類競速遊戲多與圖案辨識機制結合，所以也被認為可以訓練觀察力，除了與圖案辨

識結合，也有使用語詞、記憶和視覺追視等各方面的競速遊戲。有些孩子反應較慢，若持續在競速遊戲中經歷失敗，可能會排斥遊玩類似的遊戲，透過遊戲的調整可以改善此類情況。

操作類的遊戲則能讓孩子的手閒不下來，有些物件的操作需要全神貫注，不然可能會出現差錯，所以有避免分心的效果。與手部動作有關的遊戲也常具有令孩子專心的效果。在此二類之外，還另列一項其他，這些也都是遊玩時需要集中性注意力的遊戲。

類型	學齡前	6歲或以上
競速圖案辨識	閃靈快手兒童版、晾對襪子、塔寶數與形、萌犬對對碰、外星怪、捕蟲仔、洗襪子、香蕉人上班趣、尋尋蜜蜜、Eye Found It卡片版	德國心臟病、閃靈快手、豬朋狗友、圖騰快手、鈕鈕相扣、醜娃娃、星球加法、積多寶、老鼠上街、瘋狂數字環、瘋狂農場、三環成線、大頭娃娃（語詞）、字字轉機圖像版（語詞）、字字轉機（語詞）、滿腦子番茄（記憶）、給我餅乾（追視）、蟲蟲別跑（綜合）
操作	俄羅斯娃娃、超級犀牛、翻滾路易、動物疊疊樂、著色快手	搖滾巫奇、快手疊杯、蟑螂捕手、搖搖蘋果樹
其他	Moo斯密碼（聽覺＋配對）	快閃地精（照相記憶）、數大小（數學）

注：競速的遊戲，一般也被認為可以練習反應力，但由於集中注意力和反應力的遊戲很重疊，而特教領域中對注意力相當看重，所以在本書中就不用反應力作為類別的名稱。

持續性注意力

持續性注意力的培養，可使用較為靜態且需要思考的桌遊。因為競速遊戲給孩子的感受是刺激且快速的，而我們需要的是如細水長流一般的遊戲，讓孩子穩定地將注意力放在遊戲之中。許多德式的家庭遊戲都有這種特色，需要思考與規畫，且有足夠的趣味性引起孩子的動機。物廉價美的傳統遊戲也能加以運用，如跳棋、象棋、西洋棋、圍棋、動物棋、陸軍棋等。

學齡前	6 歲或以上
抓鬼大隊、拔毛運動會、起司天堂、七彩跑跑豬、卡卡頌兒童版、石器時代兒童版、拯救童話、尋龍多米諾、哞哞穿新衣、搶救彩虹、蝸牛向前衝、誰是牛頭王兒童版、跑跑龜	童話迷蹤、卡卡頌（系列）、卡坦島兒童版、多米諾王國（系列）、鐵道任務、Blokus、歐洲10日遊、得分沙拉、璀璨寶石、花磚物語、龍龍公園、迴轉壽司、角力棋、髒小豬、拉密數字牌，郎中闖江湖兒童版、非洲之旅、築夢頌

記憶力

在兒童遊戲中，練習記憶力的遊戲數量繁多，有許多與不同機制的結合，如：合作遊戲、賭運氣、手牌管理或說故事等。可

依孩子的喜好與需求做選擇。

學齡前	6 歲或以上
魚樂無窮、拔毛運動會、抓鬼大隊、大頭娃娃、諾亞與方舟動物、石器時代兒童版、大家來找碴、恐龍逃脫任務、隱形帽、蛙蛙闖蓮池、奇雞連連、奇雞家族、捕蜂高手、猴戲擂台、農場早點名、拯救童話、著色快手	童話迷蹤、龍的寶物、魔法照路、獅子剪髮大冒險、回憶三重奏、磁石魔法迷宮、滿腦子番茄、滿腦子度假、記憶黑洞、尋夢旅程、驢橋、棋蹟連連、媽媽咪呀、躲喵喵（Bim Bamm!）、冰原小英雄、瘋狂農場、魔法市集、熊貓大樂團（動作記憶）

空間概念

與空間概念有關的遊戲，常具有方格覆蓋或拼放的機制。而遊玩訓練空間概念的遊戲時，則會需要動手、動眼與動腦，孩子會不斷地嘗試各種角度來將板塊以最佳的方式拼入。空間概念是認知發展的重要項目，可用的遊戲也相當多。

類型	學齡前	6 歲或以上
排入指定形狀框架	機智蜜蜂、烏邦果 3D 兒童版	機智方塊、機智寶石、機智新星、烏邦果、烏邦果 3D 家庭版、百變方塊家庭版

完成指定圖案	Smart Car	三人成築、摺足先登、瘋狂對決、七巧生煙、貓咪擺書架
路徑規畫	卡魯巴兒童版、鬥魚俱樂部、飛躍魔盜團兒童版	蟑螂捕手、碰撞機器人、迷宮機器人、思路、太空大冒險、麥田圈尋寶、磁石魔法迷宮
綜合	卡卡頌兒童版、尋龍多米諾、哞哞穿新衣、動物將棋	卡卡頌、水瓶座、拼布對決、Blokus、寶石陣、數字9乘塔、輕鬆放、叢林智慧棋、角力棋、爭牆鬥勝、形色咚咚

演繹推理

演繹推理是一種透過有限資訊的觀察與推敲來解決問題的能力，同時也是桌遊機制的一種。在遊戲中，孩子要搜尋可用資訊，尋找正確的答案。遊戲中所運用的能力是綜合且複雜的，然而解開謎題的成就感是孩子極大的增強物。遊玩這類遊戲可以培養觀察力、問題解決能力與分析能力。

學齡前	6歲或以上
狐作非為、邏輯動物園*	神探諾斯、洞察掀機、終極密碼、出包魔法師、花火、蘇格蘭警場、大搜查（系列）、Zendo、MicroMacro: Crime City、13道線索、不在場證明、掌中回憶、密弒派對、仙子魔法陣

*雖遊戲標示6+，但學齡前孩子可以嘗試玩玩看。

創造力

　　玩家在遊戲中會需要發揮創造力來完成一件作品，可能是一幅圖畫、一個詞彙、一段故事、一些聲音、一組配件的排列或一個肢體動作／表情等。雖然完成這些作品在遊戲中的用途不同，但都會享受到創作的樂趣與歷程。玩這些遊戲，能激起孩子的創作欲或表現欲，也能讓孩子多多運用擴散性思考。

類別	推薦遊戲（多數為 6 歲或以上）
故事／詞語創作	從前從前、故事製造所、說書人、獨家暗語
配件排列	Zendo、猜圖高手、裝置譯述家、火柴會說話、皮影戲大師、掌中回憶
畫圖	消失的主角、傳情畫意、妙筆神猜骰子版、妙筆神猜
動作／表情	怪獸面具島、我是香蕉、俄羅斯娃娃 (5+)、猴戲擂台 (4+)

敘事能力

　　敘事要將許多句子做連貫，會涉及發音、語法、語用和語意等各個面向，是語言能力的一種綜合表現。讓孩子對同儕說明遊

戲規則，在遊戲中的交談互動或於遊戲後講述遊戲中發生的趣事等，都會用到敘事能力。除此之外，敘事能力的練習也可以和說故事類的遊戲直接呼應，但不僅限於使用此類遊戲做練習。多數說故事遊戲的年齡都設定在 6 歲以上，但教學者透過規則內容的簡化調整，也可嘗試用於幼兒。若是 6 歲以下的幼兒要練習敘事能力，可以利用原有遊戲的背景故事作為啟發，讓孩子在遊戲中體驗後描述該故事。

6 歲或以上
故事線、故事骰、尋夢旅程、故事製造所、從前從前、驢橋

手部與肢體動作

動作類型的遊戲在兒童遊戲中也占有一席之地，不過與其說這些遊戲是要拿來練習動作，不如說這些遊戲是為了趣味而生，順便可以練習手部動作。堆疊放置的平衡遊戲可以練手部小肌肉的穩定，像是《動物疊疊樂》、《超級犀牛》；手指彈射的動作練習可以玩《冰炫企鵝》、《跳跳骰》；工具操作的練習如寫、戳、敲等，則有《冰天雪地》、《伐木達人》；需要用眼睛觀察，判斷

時機去按壓開關的《翻滾路易》；以及需要計畫連續動作的遊戲《搖滾巫奇》、《瘋狂科學家》。

類型	學齡前	6歲或以上
堆疊平衡	動物疊疊樂、超級犀牛、動物方程式、龍之吐息	搖搖蘋果樹、搖曳企鵝、籤籤入扣、平衡天使、瘋狂建築師、嘩啦啦真痛快、最後一根稻草、高塔神廟
手指彈射	呱呱跳	彈指賽車、冰炫企鵝 1-2、跳跳骰
工具操作	翻滾刺蝟與朋友、著色快手、冰天雪地、伐木達人、童樣聰明、小松鼠橡果爭奪戰、吸珠大笨象、企鵝敲冰塊	指環套套
手眼協調	翻滾路易、烏邦果 3D 兒童版、跳跳猴大作戰	椰子猴王、極限一發、Bounce-Off、機智方塊、烏邦果、仙丹妙搖
動作計畫	俄羅斯娃娃、猴戲擂台	搖滾巫奇、瘋狂科學家、跳舞機器人、動手不動口、熊貓大樂團
大肌肉	快樂舞蛋	一起出來玩、Twister

挫折容忍

遊戲有輸有贏，有時孩子輸的時候反應很大，會哭會鬧甚

第八章　魚寶老師的推薦遊戲菜單

至會翻桌。透過遊戲可以讓孩子學習面對失敗，因為遊戲的趣味性可以維持孩子繼續玩的動機。剛開始時，可能因為輸掉而不想再玩，但多經歷幾次這樣的輸贏，孩子會慢慢學習如何適當地面對。當然，教學者也不要忘了在遊戲前的叮嚀與遊戲後的引導，這會讓挫折容忍的學習事半功倍。

可以選用的遊戲像是堆疊平衡類型的遊戲，因為會造成戲劇性的失敗情境，也就是挫折的強度比較劇烈，如《超級犀牛》；或是賭運氣機制的遊戲，因為失去眼看就要得手的成果，會挑戰孩子挫折容忍的底線，如《龍的寶物》；另外，也可以選擇過程中會碰上許多小挫折的遊戲，讓孩子漸進式地習慣玩遊戲時遭遇的挫折，如《磁石魔法迷宮》。

類型	學齡前	6 歲或以上
堆疊平衡	超級犀牛、動物疊疊樂、動物方程式	搖搖蘋果樹、搖曳企鵝
賭運氣	起司天堂、蛙蛙闖蓮池、鼠國英雄*	龍的寶物、印加寶藏、數字火車、欲罷不能、亡者神抽、貪心漁夫、大魚吃小魚（Kai Piranja）、小吃大胃王、鴨飛狗跳
小挫折	蛇梯棋、小羊躲妙妙、跑跑龜、跑跑龜迷你	磁石魔法迷宮、飛行棋、山貓奇襲、水瓶座、萬獸酒吧、洪水警報、誰是牛頭王、這就是人生

*規則程序較多，剛開始需要成人多引導幾次。

情緒調節

規則簡單，重複性高，能吸引孩子專心進行反覆操作，可以讓他暫時放下原本混亂的情緒，例如拼放機制或空格覆蓋機制的遊戲。有時甚至不須依循規則，讓孩子將遊戲配件當作拼圖或玩具來玩，這類遊戲在拼放完成時，都能帶來類似於完成拼圖的滿足感，可以緩和孩子的情緒，如《哞哞穿新衣》、《烏邦果》系列、《卡卡頌》系列、《機智新星》與相關系列。因為在情緒較混亂的時候較不容易聽進去規則，因此使用的多半是孩子已經熟悉，或能立刻上手的遊戲。

學齡前	6 歲或以上
哞哞穿新衣、卡卡頌兒童版、彩虹蛇	烏邦果、卡卡頌、機智新星、Blokus

多感官

有些桌遊需要運用到觸覺或聽覺，可以帶給孩子不同的感受。觸覺遊戲通常是給較年幼的孩子玩，聽覺遊戲則有較大的年紀差異。對於視覺障礙的孩子來說，玩這類遊戲不太需要做調整，惟遊戲進行方式比較單調，可能無法滿足有些孩子的需求。

另外，曾經有利用嗅覺的桌遊，如 1984 年出版的《Smellory》與 2016 年臺灣出版的《調香師》，但要讓遊戲配件保持著某種味道是不容易的事情，所以這些比較偏向實驗性作品，並未繼續流行於桌遊市場上。

類型	學齡前	6 歲或以上
聽覺	Memo Sono、Moo 斯密碼	搖滾冰屋、阿拉伯陶壺
觸覺	Tactilo Loto、Tactil Bzzz	好樂牌、掌中回憶

國語文

近年來在坊間專為國語文學習所設計的桌遊頗多，許多教育出版社都推出不同的產品，教學者利用關鍵字在網路上搜尋應該可以找到許多可用的遊戲。但如本書前面所說，強調教育內容的遊戲在趣味性上的表現可能有所限制，因此建議教學者在使用前先自行試玩，以了解是否適合自己的學生。附帶補充，可用以練習詞彙運用與聯想的遊戲倒是不少，很多都相當趣味，但使用上不一定符合教學目標，因此教師可能要有所調整改編，如下表推薦的詞彙聯想一欄。

類型	6 歲或以上
識字	部件獸、漢字傳說、動文字、識字 High 客
詞彙	詞彙捕手、句型 High 客
詞彙聯想	妙傳爆趣、字字轉機、密語幸運草、機密代號、心流密碼、獨家暗語、估估劃劃、估估劃劃兒童版
國學知識	大富翁：論語精選

英文

玩英文版的桌遊，閱讀英文版的規則與卡牌，就是一種很自然的英文學習方式，但若是要挑選專為練習英文而設計的桌遊，也可能有趣味性的問題。不過由於桌遊在國外發展較為成熟，許多練習英文的遊戲已經行之有年，有些還頗具趣味，表中遊戲可供參考。另外，將說故事類遊戲如《從前從前》、《故事骰》等用英文來說故事，也是很好的練習方式。

推薦遊戲
字母街、字母瘋火輪、拉密單字版、心靈圖解任務、Taboo、Scrabble、Apples to Apples Junior、Boggle、眼明腦快、單字快答、韻腳對對、字母翻翻、捕抓抓、單字蹦蹦、Eye Found It 卡片版、Seven 英文版

數學

玩桌遊常會用到基礎的數學能力，像是擲骰前進的遊戲中，要先能理解骰子的數字意義，然後依照骰子數字來走格子；拿取配件時要運用到點數的能力；平分遊戲中的金錢時要用到除法等。雖然大部分桌遊都會運用到數學能力，還是有專門為學習數學而設計的桌遊。以下推薦一些與數學有關的遊戲。

類型	推薦遊戲（多數為 6 歲或以上）
數序	蹦蹦蛙、接車龍、熱氣球高塔、草泥馬
加法	沉睡皇后、星球加法、抓得妙、德國心臟病、數字大格鬥、數字急轉彎（加減法）、購物小達人、水果數到10、數字配方、土狼在笑你、大限77、我是牛頭王、誰是牛頭王兒童版
乘法	九九將、輕鬆放、數字 9 乘塔、動物農場、數急字轉彎、跳跳骰、邏輯九九（因數、質數）、多多樓、非洲之旅、起司經濟學
面積	面積對決：英雄的選擇、百分直覺
除法	印加寶藏
長度估計	彈彈兔拉力賽
四則運算	心算大師、法老密碼、得分沙拉、骰子算算
機率	欲罷不能、郎中闖江湖兒童版

不等式	數大小
分數	披薩家
時間	時間輪盤、時間軍團大進擊、What's the Time, Mr. Wolf?

各類內容知識

有些遊戲專為傳達特定知識內容而製作，讓玩家能以寓教於樂的方式學習相關知識。此類遊戲大部分如前面機制中所介紹的知識類遊戲（見第七章）；但也有些遊戲是利用其他機制進行，內容知識僅為調味用的主題，亦即遊玩遊戲時不會因為知道內容知識而更容易獲勝，這種潛移默化的方式對於排斥內容知識的孩子是不錯的選擇，如：與鳥類知識有關的《展翅翱翔》、與歷史知識有關的《穿越歷史》、認識臺灣飲食習慣的《吃早餐啦》。由於內容知識無遠弗屆，下面介紹的遊戲就稍做分類。

類型	推薦遊戲（多數為 6 歲或以上）
學齡前綜合知識	大腦益智盒（系列）、麻吉貓放假趣
綜合知識	字字轉機、十分機靈、搶答知識王、長頸鹿量表、瞎掰王教育版

歷史知識	時間線（系列）、穿越歷史、東坡居士蘇軾、浪漫詩仙李白、至聖先師孔子
地理知識	洲遊列國、寰宇之旅、環世 80 天、繞著地球跑、國際咖啡館、萬國爭鋒、歐洲十日遊
動物知識	知識線動物篇、動物全世界、展翅翱翔
臺灣知識	走過臺灣、吃早餐啦、時間線：臺灣近代史、台灣最美的地方：國家公園、大腦益智盒：臺灣
職業知識	大富翁幸福人生、大富翁職業人生、香蕉人上班趣
自然知識	演化論：物種起源、搶救彩虹、追隨達爾文

注：此處遊戲有些難度較高，部分含有較冷門的知識。

統整思考

在桌遊中有些遊戲需要應用到多面向的能力，遊玩時要將遊戲中的資訊做分析與統整，然後規畫出長短期的目標以獲得勝利。它們所須運用的能力是整合性的，可能有交易、談判、計算、風險評估、察言觀色、估計預測、監控對手的發展、機率概念等，因此較難以拆解開來用前述推薦清單來歸類。雖然看似複雜，但其實這些遊戲通常是為 8 歲以上的玩家所設計的，所以對認知能力達一般水準的孩子來說，多加練習是可以學會的。若教

學者計畫使用這些遊戲，首先要考量孩子的年齡與能力。再來，這些遊戲經常會長達 20 分鐘以上，若在課堂中使用，需評估是否有足夠的時間。

這些遊戲在桌遊圈裡面，通常會被稱為「輕度策略遊戲」或「家庭遊戲」，筆者認為這類遊戲對孩子的邏輯思考很有幫助，只是在公立學校的教育現場中使用較有限制，但在其他的認知課程、桌遊課程、家教課程或家庭聚會等，沒有時間與課程目標的壓力下，應該有其發揮空間。

推薦遊戲

卡坦島、環世 80 天、奶油還是派、諾亞鬧方舟、萬獸酒吧、國際咖啡館、駱駝大賽、惡魔島、城市規劃師、絕頂聰明（系列）、星際探險隊、神奇果汁、龍焰魔法鎮、這款桌遊、GIPF 雙人對弈（系列）、上流社會、現代藝術、太陽神、我是大老闆、K2、島嶼之爭、卡魯巴、封王、陛下、馬尼拉、瀑布淘金客、歐汀的烏鴉、富饒之城、創世星球、皇家港、郎中闖江湖、聖胡安、倉庫城、石器時代、Set

書中提及的所有遊戲，請至左側網站參考遊戲清單。
清單中將列出遊戲的中英文名、出版年等資訊，供選擇遊戲時查閱之用。

第八章　魚寶老師的推薦遊戲菜單

參考書目

- Engelstein, G., & Shalev, I. (2022). *Building Blocks of tabletop game design: An encyclopedia of mechanisms*. CRC Press.
- Schell, J. (2008). *The Art of Game Design: A book of lenses*. CRC press.
- Woods, S. (2012). *Eurogames: The design, culture and play of modern European board games*. McFarland.
- Gray, P.（2021）。會玩才會學（吳健緯譯）。今周刊。（原著出版於 2013 年）
- 白又文、吳純慧（2023）。桌上遊戲融入社會技巧教學增進視障學童人際互動之行動研究。特殊教育學報，58，1-31。
- 江景鈺（2021）。桌上遊戲結合社會技巧教學對發展遲緩幼兒社會互動行為影響之研究（碩士論文）。國立臺北教育大學。
- 吳幸玲（2018）。兒童遊戲與發展（三版）。揚智。
- 林楠淇（2024）。運用桌遊《故事製造所》提升資源班學生敘事能力之成效（碩士論文）。國立臺北教育大學。
- 洪仲俞、陳介宇（2019）。教師評選適用於國小資源班教學之桌上遊戲。雲嘉特教，30，46-57。
- 胡峻維（2020）。探討國小資源班教師認為桌上遊戲應用於教學之優弱勢分析（碩士論文）。國立臺北教育大學。
- 徐敬婷（2018）。國中不分類資源班教師使用桌上遊戲融入教學之現況調查研究（碩士論文）。國立臺北教育大學。
- 莊庭滋（2021）。幼兒園教師使用桌上遊戲促進發展遲緩幼兒發展之調查研究—以新北市幼兒園為例（碩士論文）。國立臺北教育大學。

- 陳介宇（2010）。從現代桌上遊戲的特點探討其運用於兒童學習的可行性。國教新知，57(4)，40-45。
- 陳介宇（2005）。寓教於樂的桌上遊戲。師友月刊，458，69-71。
- 陳介宇、陳芝婷（2021）。臺灣老桌遊：從大富翁、龜博士升學、到天地牌與飛車龍虎鬥，完整收錄懷舊珍貴老遊戲。聯經出版。
- 陳介宇、鄒小蘭、徐敬婷（2020）。應用桌上遊戲於特殊需求學生之調整方式。特殊教育與兒童發展國際論壇，1，36-44。
- 陳柔彣（2025）。聽損兒童參與桌上遊戲之行為表現觀察研究（碩士論文）。國立臺北教育大學。
- 陳瑋婷、陳佩玉、洪榮照、陳介宇（2020）。桌上遊戲結合社會技巧教學提升國小 ADHD 兒童社會適應之成效。特殊教育季刊，154，27-39。
- 教育部（2019）。十二年國民基本教育身心障礙相關之特殊需求領域課程綱要。
- 黃于珊（2023）。運用桌上遊戲結合社會技巧教學提升國小自閉症學生挫折容忍力之研究（碩士論文）。國立臺北教育大學。
- 黃昭慈（2022）。桌上遊戲結合情緒教學提升國小自閉症學生情緒智力之成效（碩士論文）。國立臺北教育大學。
- 黃詠昕（2023）。充電卡策略結合桌遊方案對自閉症兒童語用技巧之成效（碩士論文）。臺北市立大學。
- 黃寶玉（2020）。國小不分類資源班教師運用桌上遊戲融入教學之現況調查研究（碩士論文）。國立臺北教育大學。
- 鄭如安、劉秀菊（2021）。結構式遊戲治療技巧實務。五南。
- 鄭如安（2022）。結構式遊戲治療：接觸、遊戲與歷程回顧。五南。
- 錡寶香（2006）。兒童語言障礙：理論、評量與教學。心理。
- 錡寶香（2009）。兒童語言與溝通發展。心理。
- 魏語彤（2023）。遊戲式學習對國中生數學學習成效與動機之影響（碩士論文）。國立臺北教育大學。

桌遊教養全攻略：從遊戲中培養孩子的專注力、人際力、學習力

2025年4月初版　　　　　　　　　　　　　　　　　定價：新臺幣450元
有著作權・翻印必究
Printed in Taiwan.

著　　　者	陳　介　宇	
繪　　　者	陳　品　好	
	chenppyy	
副總編輯	周　彥　彤	
特約編輯	鍾　莉　庭	
校　　　對	許　幼　蕾	
美術設計	陳　恩　安	

出　版　者	聯經出版事業股份有限公司	編務總監	陳　逸　華
地　　　址	新北市汐止區大同路一段369號1樓	副總經理	王　聰　威
叢書主編電話	(02)86925588轉5312	總　經　理	陳　芝　宇
台北聯經書房	台北市新生南路三段94號	社　　　長	羅　國　俊
電　　　話	(02)23620308	發　行　人	林　載　爵
郵政劃撥帳戶第0100559-3號			
郵　撥　電　話	(02)23620308		
印　刷　者	文聯彩色製版有限公司		
總　經　銷	聯合發行股份有限公司		
發　行　所	新北市新店區寶橋路235巷6弄6號2樓		
電　　　話	(02)29178022		

行政院新聞局出版事業登記證局版臺業字第0130號

本書如有缺頁，破損，倒裝請寄回台北聯經書房更換。　ISBN 978-957-08-7659-8 (平裝)
聯經網址：www.linkingbooks.com.tw
電子信箱：linking@udngroup.com

國家圖書館出版品預行編目資料

桌遊教養全攻略：從遊戲中培養孩子的專注力、人際力、
學習力/陳介宇著．陳品好繪．初版．新北市．聯經．2025年4月．
280面．17×23公分
　　ISBN 978-957-08-7659-8（平裝）

　　1.CST：兒童遊戲　2.CST：桌遊

523.13　　　　　　　　　　　　　　　　　　　　　114004259